Jean Gutenberg de Mayence
Inventeur de l'Imprimerie.

Franz Côntgen Sculp. Moguntiae.

Essai
sur les monumens typographiques
de
Jean Gutenberg,
Mayençais,
Inventeur de l'Imprimerie,

par

Gotthelf Fischer.

Quos genuit ambos urbs Moguntina Joannes
Librorum insignes protho-carragmaticos
Pierre Schöffer. 1468.

A Mayence l'an 10.

Jo. Lindenschmit, del. et Sculps. Moguntiae.

ESSAI

SUR LES

MONUMENTS TYPOGRAPHIQUES

DE

JEAN GUTENBERG

MAYENÇAIS

INVENTEUR DE L'IMPRIMERIE.

PAR

GOTTHELF FISCHER

Professeur et Bibliothécaire à Mayence.

Des Sociétés Philomathique et Médicale d'émulation à Paris, des celles dites Linnéennes à Londres et à Leipzig, du Lycée des arts utiles à Paris, du College physique et mathématique à Basle, de la Soc. libre des sciences et arts à Strasbourg, de la Soc. départementale des sciences et arts à Mayence, de la Soc. physique de Göttingen et de celle de Jena, et de la Soc. botanique à Ratisbonne.

MAYENCE

AN X.

Comme l'invention dont traite cet Essai est particulière à la ville de Mayence, il m'a semblé naturel d'employer à l'impression de cet ouvrage des caractères et des ouvriers de la même ville qui vit naitre l'imprimerie.

Les caractères ont été gravés et fondus par le C[en] BOERNER et l'imprimeur est le C[en] WIRTH tous deux Mayençais.

Les gravures sont aussi faites par des artistes de Mayence.

AU CIT. CHAPTAL
GRAND PROTECTEUR DES SCIENCES ET ARTS
MINISTRE DE L'INTERIEUR, MEMBRE
DE L'INSTITUT NATIONAL
HOMMAGE DEVOUEMENT ET RESPECT
Franz Cöntgen Del. et Sculp. Moguntiae.

Au Citoyen JEANBON St. ANDRÉ Commissaire général du Gouvernement dans les quatre nouveaux départemens de la rive gauche du Rhin.

CITOYEN COMMISSAIRE GÉNÉRAL!

UN ouvrage qui parait à Mayence et qui traite d'une invention sublime dont s'honore cette ville intéressante, a, sous ce rapport, quelques droits à un accueil favorable de votre part et de celle du Ministre de l'Interieur. Vous m'avez promis, Citoyen Commissaire général, de lui présenter ce fruit de mes recherches: Je viens de nouveau vous prier de lui en transmettre l'hommage avec l'expression du respect le plus profond que je lui porte, soit comme Ministre, soit comme savant d'un mérite supérieur.

Les palmes qui couvrent la république ombragent aussi Mayence sa fille adoptive ... et désormais on comptera parmi les villes françaises celle où fut inventée l'imprimerie. Le rang que Mayence occupe dans l'histoire des connaissances humaines lui offre un moyen de compensation en échange de la gloire qu'elle reçoit de la nation française.

Cette gloire ne vous est pas étrangère, Citoyen Commissaire général; Le Gouvernement qui a voulu que les lois de la république fussent introduites sans secousse dans ces nouveaux départemens, vous a placé son médiateur entre nous et lui. Que ne devons nous pas à ceux qui vous ont précédé dans cette honorable carrière! ils ont adouci le passage toujours difficile d'un Gouvernement à un autre. Leur prudence a prévenu, étouffé, dans sa naissance, toute dissention civile et enfin les Citoyens de ces Départemens se sont trouvés, en peu d'années, gouvernés par les lois françaises et n'ont eu occasion de remarquer que cette supériorité qu'ont les grands états sur les petits dans leurs moyens de faire le bien.

Ces immenses occupations avaient absorbé tout le tems de leur Administration et il restait encore beaucoup à faire lorsque le Gouvernement vous en a remis les rênes. La paix venait de se conclurre et permettait alors de tourner ses regards vers la prospérité nationale qui, pendant la guerre, avait du céder à un intérêt plus pressant. Alors nous avons vu ce que peut un administrateur éclairé qui, à la connaissance des ressorts cachés de l'administration, joint ces vues grandes, ces conceptions vastes qui portent la vie dans les contrées dont le bonheur lui est confié.

Le fleuve a été rejetté dans son lit naturel; les anciennes routes ont été réparées, de nouvelles communications, objét de l'étonnement et de l'envie de l'etranger, ont été ouvertes. Les obstacles naturels ont été vaincus; deux ports que la nature destina à être l'entrepôt même de l'étranger à l'étranger, ont obtenu, par vos soins, une franchise qui ne nuit pas à la surveillance nécessaire pour l'encouragement des manufactures nationales. M'est-il permis de dire un mot ici du grand plan qui, depuis si longtems, est l'objét de votre zèle infatigable, de ce projét que nos Citoyens se redisent avec joie, de ce projét qui assurerait à la fois la libre navigation du fleuve et la police du commerce exterieur ... Parlerai-je aussi de ce plan de franchise de toutes nos routes....

L'abondance va, plûs que jamais, sourire à nos contrées! Le Gouvernement vient de choisir cette ville pour y placer un Lycée. * *Mayence sera encore une fois le siège des sciences et du commerce. Son port et son université si fréquentés avant la guerre vont de nouveau voir arriver en foule le spéculateur, le voyageur curieux et le jeune homme avide d'instruction. Ces bienfaits seront votre ouvrage. Quelle récompense pour vous, Citoyen Commissaire général! elle est la seule digne de vos efforts.*

Ah croyez que vos soins sont profondément sentis par vos administrés! Croyez que si nos Citoyens n'expriment pas leur reconnaissance avec toute l'impétuosité des peuples méridionaux, elle n'en est pas moins fortement gravée dans leurs coeurs. Croyez aussi qu'ils voient avec une vive satisfaction qu'a l'expiration du terme que le Gouvernement à fixé pour votre administration générale, vous ne cesserez pas, pour celà, d'être notre premier administrateur local.

Pour nous, Citoyen Commissaire général, (je parle aussi au nom de mes collègues professeurs à l'université) si le Gouvernement nous appelle de nouveau à former la jeunesse, vous nous trouverez toujours empressés à seconder ses intentions et les vôtres. La patrie de Gutenberg n'est pas stérile en hommes de génie. Faire eclore ce génie, le diriger vers la gloire ou la prosperité de la patrie, voilà quel sera toujours le but de nos efforts

Agréez, Citoyen Commissaire général, l'assurance de mon respect.

Mayence 20 Messidor 10.

G. FISCHER.

* *Je l'ignorais lorsque j'ai écrit: (pag. 10) „si à la nouvelle organisation de l'instruction publique qui se prépare, le berceau de l'imprimerie devient, comme nous l'esperons, le chef-lieu de quelque établissement avantageux aux sciences" etc.*

ESSAI

SUR LES MONUMENS TYPOGRAPHIQUES

DE

JEAN GUTENBERG

MAYENÇAIS

INVENTEUR DE L'IMPRIMERIE.

1

Essai
sur les monumens typographiques
de

JEAN GUTENBERG

MAYENÇAIS
Inventeur de l'imprimerie.

> *Sans titres on fait des romans; pour écrire l'histoire il faut des preuves authentiques, des monumens certains.*
> OBERLIN.

SI Mayence fixe les regards de l'observateur par son site délicieux, son origine, ses antiquités et les différentes époques de son histoire, cette ville a des droits bien plus sacrés à la reconnaissance de ceux qui cultivent les lettres. Déjà dans ces siècles barbares, où l'Europe était plongée dans l'ignorance la plus profonde, elle voyait fleurir dans son sein des hommes recommandables par leur savoir: BONIFACE, EGINHARD, RABANUS-MAURUS, le chronographe PANTALEONITA, LAMBERT d'ASCHAFFENBOURG, auteur de l'histoire du tems, GOSWIN, et MARIANUS SCOTUS, qui écrivit un Manuel des sciences. [1]

---

[1] On peut se convaincre par la *Mayence littéraire*, dont je joins le tableau chronologique à la fin de ce mémoire, que Mayence sut toujours allier la célébrité du commerce avec la gloire des sciences.

La protection spéciale dont CHARLEMAGNE honora toujours Mayence, contribua peut-être à lui donner cette supériorité dans les lettres. Cette ville avait l'avantage d'être à une distance très rapprochée d'Ingelheim, lieu charmant, que l'art et surtout la nature avaient pris soin d'embellir. On sait que ce prince philosophe venait souvent y déposer le poids de sa couronne. C'est là, que, loin du bruit des camps et des petites intrigues de la cour, il respirait en liberté l'air pur des bords du Rhin, et jouissait de la vue riante des côteaux pittoresques du magnifique RHEINGAU. Son palais devenait alors le sanctuaire des plaisirs et des Muses. Ses loisirs étaient agréablement partagés entre sa chère FASTRADE [2] et les savans de sa cour. Son exemple, ses encouragemens produisirent le plus heureux effêt. La langue et l'écriture allemande furent perfectionnées, et Mayence acquit, dès cette époque, cette pureté de langage qui la distingue encore aujourd'hui des autres villes des bords du fleuve.

Parmi les savans des siècles suivans, on remarque le chanoine HENRI qui, au commencement du douzième siècle, traçait déjà des Cartes géographiques. [3] On y voit aussi le poëte FRAUEN-

---

[2] Elle mourut à Mayence. Son monument, respectable par son antiquité, s'est conservé jusqu'à nos jours dans la cathédrale de cette ville. L'inscription en est ainsi conçue :

Fastradana pia Caroli conjux vocitata
Christo dilecta jacet hoc sub marmore tecta
Anno septingentesimo nonagesimo quarto
Quem numerum metro claudere musa negat.
Rex Pie, quem gessit virgo: licet hic cinerescit,
Spiritus heres sit patriae, quae tristia nescit.

[3] Voyez *SPRENGEL's Geschichte der wichtigsten geographischen Entdeckungen* p. 49.
SCHUNK's Beiträge zur Geschichte von Mainz vol. 1. pag. 102.
VOGT's Geschichte von Mainz p. 97.

LOB [4], chantre aimable du beau sexe qui daigna, par reconnaissance, attacher au nom de ce poëte l'idée du sentiment le plus doux, le plus naturel. FRAUENLOB est aussi l'inventeur d'un instrument à cordes, et d'un systême particulier de Musique.

L'école de St-Alban, fondée avant l'an 1392, ouvrit à Mayence une nouvelle source de lumieres. On comptait parmi les professeurs de cette école, RUPPERT fameux par sa profonde connaissance des langues anciennes.

Mais ces premiers efforts ne firent que préluder aux génies de WALPODE et de GUTENBERG. Le premier conçut et forma la ligue rhénane qui, mettant enfin un terme aux incursions et aux brigandages sur le bord du Rhin, protégea le commerce de ce fleuve, et assura le repos et la prospérité des belles plaines qu'il arrose.

Le second trouva le secret, cherché en vain par tant de nations, de centupler, en un clin d'oeil, les productions du génie, au moyen de l'impression avec des caractères mobiles. Quelle victoire remportée sur l'ignorance et la superstition!

DIETHER fonda une Université à Mayence en 1477. La littérature et les arts s'honorent de plusieurs hommes qui appartinrent à ce corps célèbre. Un gout épuré, une ardeur constante pour la propagation des lumières, un esprit exempt de préjugés, le distingua dès son aurore, et s'est maintenu jusqu'à nos jours.

---

4 HENRI FRAUENLOB (dont le nom signifie *Louange des femmes*) mourut le 24 Novembre 1318. Les dames les plus distinguées de la ville portèrent son cercueil avec la plus grande pompe, et firent des libations de vin sur sa tombe, parceque, peut-être, à l'exemple d'ANACRÉON, notre poëte les chantait bien mieux lorsque BACCHUS

Les REUCHLIN [5], les HUTTEN, les MELANCHTON, les WESSEL furent au nombre des savans, dont les écrits preparèrent et secondèrent d'une manière puissante la réformation, qui changea la face de la réligion dans le nord et dans une partie de l'Allemagne. On sait de quelle influence fut cette révolution sur les progrès des lumières dans le nord.

C'est une remarque faite par un illustre écrivain anglais „que de toutes les facultés de l'esprit, c'est l'imagination qui se dévelope le plutôt chez les peuples comme chez les particuliers. L'hom-

---

l'avait comblé de ses faveurs; elles y firent placer son buste couronné avec cette inscription très simple:

Anno Domini MCCCXVIII in vigilia
Beati Andree Apostoli ⊖
H e n r i c u s F r o w e n l o b.

[5] REUCHLIN, l'un des hommes les plus eclairés de son siècle, cultivait surtout les langues orientales. Accusé d'hérésie par l'université de Cologne, il fut condamné à être brulé vif. Envain l'archevêque URIEL de GEMMINGEN et l'université de Mayence cherchèrent à intervenir en sa faveur. Rien ne put fléchir l'inexorable inquisiteur HOCHSTRADANUS, qui s'était rendu en personne à Mayence. Déjà le bucher était dressé sur la place publique, déjà la fatale sentence allait recevoir son execution, quand URIEL DE GEMMINGEN, à la tête de ses soldats, renversa tous les apprêts du supplice et chassa l'inquisiteur hors de la ville. V. VAN DER HARDT Acad. Jul. Prorect. *Moguntina REUCHLINI Historia* A. M. DXIII. Mense sept. in Germaniâ Galliâ et Italiâ, cellebris illustrata. A. Saec. M. D. CC. XIII. Helmstadii Typ. Salom. Schnor[illegible] 1715 in 12.

JEAN de WESALIA fut [illegible]mis à une inquisition semblable en 1479 par GERARD ELTEN de Cologne, inquisiteur général, celui-ci fit brûler ses livres et emprisonner l'auteur dans un couvent, où il mourut en 1479. V. *CONRADI a LICHTENAU Abb. Vrspergensis chronicon.* Basileae 1569 Fol. p. 421. On trouve quelques unes de ses plus remarquables pensées dans *JOANNIS ad SERRARII res mog.* Tom. III. et N. *VOGT Abriss einer Geschichte von Mainz.* Frankfurt 1792 p. 143. L'histoire de son examen est toute entière dans *SCHUNK's Beiträge zur Mainzer Geschichte* vol. I. p. 288—320.

me, dit-il, est poëte avant d'être philosophe, et le siècle d'HOMÈRE et d'HÉSIODE devait préparer celui de THALÈS et de SOCRATE.“ Tel fut aussi le cours que prirent les lettres à Mayence. A l'école des troubadours de FRAUENLOB, succéda celle de la philosophie sous le règne de l'Electeur JEAN PHILIPPE le sage. Ce prince qui avait eu beaucoup de part à la pacification de Westphalie, ne crut pouvoir mieux employer les années de la paix, qu'en les consacrant à l'étude des loix. Il y fut aidé par le célèbre LEIBNITZ, alors conseiller à sa cour. Cet illustre savant publia un écrit dans lequel il démontrait la nécessité de réformer le droit romain; Il s'occupa même de la rédaction d'un nouveau code, et son travail eut sans doute été achevé, sans la mort de l'Electeur, qui survint quelque tems après. LEIBNITZ quitta alors la cour électorale pour s'attacher à celle du Duc de Brunswick, qui l'en avait sollicité de la manière la plus pressante. [6]

C'est ainsi que Mayence fut privée de la gloire d'avoir prévenu la Prusse dans une reforme aussi importante.

Cependant le moment approchait où les sciences et les arts devaient atteindre à Mayence un haut dégré de perfection. L'Electeur EMMERICH JOSEPH, guidé par les sages conseils de BENTZEL homme d'un mérite distingué, fit d'heureux changemens dans l'enseignement public et surtout dans les écoles normales.

Son successeur FRÉDERIC CHARLES JOSEPH, prince éclairé, encherit encore sur tout ce que ses prédecesseurs avaient fait pour l'encouragement et les progrès des sciences. Il dota l'université

---

[6] La lettre du Duc, qui l'appella à sa cour, se trouve dans la biographie de LEIBNITZ par JEAN GEORGE D'ECKART, que Mr. de MURR a inserée dans son *Journal zur Kunstgeschichte und zur allgemeinen Litteratur.* Vol. 7. Nürnberg 1779. III. pag. 131—231.

de nouveaux fonds, augmenta le nombre des chaires, et pourvut avec liberalité au sort des professeurs, non seulement pour le tems de la durée de leurs fonctions, mais encore pour l'époque où l'âge ne leur permettait plus de se livrer à l'enseignement. La Bibliothèque, déjà considérable par la réunion de celles de deux couvents supprimés, reçut des accroissemens annuels par l'acquisition de nouveaux livres. Le cabinet de physique, celui des medailles et d'histoire naturelle furent enrichis.

Il fit voyager des hommes à talens qui allèrent se former à Paris, à Londres, à Rome, à Dresde, à Coppenhague. Une protection si éclatante, la beauté du climat, la célèbrité des professeurs attiraient à Mayence une foule d'étrangers de toutes les nations. Les élèves accouraient de toutes parts pour entendre un Strack, un Sömmerring, un Hoffmann et autres. Le célèbre George Forster se reposait dans ce sanctuaire des sciences, des fatigues de son voyage autour du monde. Les noms d'Ackermann, de Blau, de Bodmann, de Creve, de Dalberg, de Dietz, de Dürr, d'Eyckemeyer, de Fiebig, des deux Franck, de Heinse, de Horix, de Mégélé, des deux Metternich, de Molitor, de Muller,[7] de Reuter, de Scheidel, de Schumann, de Schunck, de Wedekind, de Weidmann et autres occuperont toujours une place honorable parmi les savans et les gens de lettres.

Les arts libéraux y furent cultivés avec le même succès. Hoch saisissoit avec une ressemblance parfaite les objèts d'histoire naturelle; Koeck qui a même, depuis peu, mérité les éloges de l'institut national, Koeck imitait, avec une exactitude scrupuleuse

[7] Auteur du célèbre ouvrage sur la ligue helvetique.

puleuse les parties du corps humain et animal. Les connaisseurs et les amis de l'humanité applaudissaient aux travaux de Zittier dont les instrumens de chirurgie, l'emportaient sur ceux des anglais au jugement des anglais même. Cüntgen, Lindenschmit, Muller, Pfaff, Reissing, Mme Schalck, Schneider, Stieler et autres sont connus par leurs productions estimées.

Si tel fut à Mayence l'état florissant des lettres sous le regime de ses électeurs, tout porte à croire qu'elles n'auront pas moins de lustre sous la protection du Gouvernement républicain. Mayence ce siege chéri des Français, (comme l'appelle un de nos anciens historiens, [8]) Mayence a déja à se louer de la sollicitude du Gouvernement pour la restauration de ses institutions littéraires. L'université, dont les fureurs de la guerre avaient interrompu les travaux, fut réinstallée le premier Frimaire de l'an 7 et on lui attacha des hommes recommandables par leur savoir et leur civisme.

Notre école de dessein va acquérir un nouvel éclat, quand nous possederons les tableaux destinés pour Mayence par l'arrété des consuls, et que nos élèves pourront se guider sur ces grands modèles.

Le muséum d'histoire naturelle de Paris a enrichi notre jardin botanique d'une riche collection de semences.

Notre bibliotheque a été augmentée par le Ministre de l'Interieur de près de 3000 volumes français.

Et tout récemment encore il vient de se former une société departementale des sciences et arts, dont un des premiers soins sera de propager la langue française dans le departement. Cette institution promêt les succès les plus brillants.

---

[8] *Francorum sedes inclita.* V. Serrarius *de rebus mogunt.* Lib. I. cap. 12.

Si à la nouvelle organisation de l'instruction publique qui se prépare, le berceau de l'imprimerie devient, comme nous l'esperons le chef-lieu de quelque établissement avantageux aux sciences; alors Mayence, cet entrepôt naturel des connoissances des français et des allemands sera le prisme, qui distribuera, pour l'utilité reciproque des deux peuples, les differens rayons de lumiere, qu'ils voudront se communiquer.

Essai
sur les monumens typographiques de
JEAN GUTENBERG.

Section premiere. Circonstances qui auraient pu accélérer la decouverte de la typographie.

Section seconde. Jean Gutenberg, Mayençais, Inventeur de l'imprimerie.

Section troisième. Monumens typographiques de Jean Gutenberg.

SECTION PREMIÈRE.

Circonstances qui auraient pu accélérer la découverte de la typographie.

Il est d'autant plus étonnant que des nations aussi éclairées que l'étaient les Egyptiens, les Grecs, et les Romains, n'aient point fait la découverte de l'imprimerie, qu'elles connaisaient déjà la gravure en bois, l'écriture par des lames de fer, de laiton ou de bronze, une espece d'impression avec des caractères fixes, et avaient même l'idée de la typographie avec des caractères mobiles.

La gravure en bois précéda celle en plomb, en pierre, en bronze; il est probable même que ce fut la premiere écriture des peuples.

Les Égyptiens gravaient, sur les statues en bois de leurs divinités, sur leurs cercueils, et sur d'autres objêts des hieroglyphes en relief ou *en creux*.

Selon Denis d'Halicarnasse [9] il y avait dans le temple de Jupiter Fidius un bouclier de bois sur lequel était gravée une inscription très ancienne; et du tems de Lucius Mamius on voyait dans le même temple un trépied, dont l'inscription en carac-

[9] *Dionysii Halicarnassens.* *Antiquitates Roman.* libr. 4. p. 257. — ασπις ξυλινη; — γϱαμμασιν αϱχαικοις επιγϱαμμενη τας γιομενας αυτοις ὁμολογιας. — et dans un autre endroit du premier livre p. 16. ὁν φησι Λουκιος Μαμιος ανηϱ ουκ ασημος τω Διος κειμενον τϱιποδων, γϱαμμασιν αϱχαιοις εγκεγϱαμμενον; —

tères gravés passoit alors, pour être aussi de la plus haute antiquité.

Plutarque dit que de son vivant on conservait dans le prytanée d'Athènes des fragmens des tables de bois sur lesquelles étaient gravées les loix de Solon. [10]

Selon le même auteur, les enfants apprenaient à lire au moyen de tablettes sur les quelles étaient tracées les lettres de l'alphabet. [11]

Élien rapporte que les Rois de Perse s'amusaient, pendant leurs voyages, à écrire des remarques sur des tablettes de tilleul. [12]

Mais on trouve dans l'Iliade le témoignage le plus irrécusable que la gravure en bois était connue avant Homère. Ce poëte dit que Bellérophon fut envoyé par Protée au Roi de Lycie avec des tablettes qui contenaient la prière de mettre à mort le porteur. [13]

---

10 *Plutarchi Parallela.* Basil. 1560. fol. *Solon.* pag. 66. και κατεγραφησαν εις ξυλινας ἀξονας εν πλαισιοις περιεχουσι στρεφομενους. ὡν ετι καθ' ἡμας εν πρυτανειω, λειψανα μικρα διεσωζετο, και προσηγορευθησαν ὡς αριστοτελης φησι κυρβεις.

11 *Plutarchi* απαντα. Basil. Froben. 1542. fol. προς κολωτην p. 818. — ὁι (παιδοι) ουκ χαρατηρας εν τοις πυξιοις εθιζομενοι λεγειν ὁταν ἐξω γεγραμμενους εν ἑτεροις ἰδωσιν, ἀμφιγνουσι και ταραττονται.

12 Voy. *Aeliani var. histor.* libr. 14. cap. 12. Ce passage gagne par l'addition ingénieuse d'un seul mot qu'y a faite Mortelli un sens plus facile et plus naturel; il lit: η ει γενναιον τι και λογου ἀξιον βουλευνται γραψη. —

13 Homeri Ilias ζ. 168. 169.

πεμπε δε μιν Λυκιηνδε πορεν δ'ογε σηματα λυγρα
γραψας εν πινακι πτυκτω θυμοφθορα πολλα.

Les commentateurs ne se sont pas accordés sur ce passage. Les recherches de Martorelli et de mon Collegue le Cen Matthiae ont levé toutes les difficultés. On peut consulter *Martorelli de regia theca calamaria cum additament.* Neapol.

Au rapport de Plutarque [14], Agesilas se servit, très ingénieusement, d'un genre particulier d'impression pour relever le courage des Lacédémoniens. Ils avaient à combattre un ennemi bien supérieur en nombre; Agesilas voyait inquiet dans la pâleur des soldats le signe assuré de sa défaite... Il ordonne néans-moins le sacrifice, pendant les apprêts, il se rétire à l'écart et avec un liqueur noirâtre il écrit sur sa main gauche, en sens inverse, les caractères νικη (victoire). Il revient interroger les entrailles de sa victime, il en saisit aussitôt le foie et y portant brusquement la main gauche il feint de rêver profondément. Tout à coup, l'enthousiasme succède à ce silence effrayant; il montre aux soldats étonnés le mot *victoire* écrit sur le foie de la victime, gage certain de la clemence des Dieux et du triomphe des Spartiates.

On sait que les Romains écrivaient sur des tablettes de bois ou d'ivoire. L'écriture sur les tablettes de bois, enduites de cire, était moins belle et moins nette, que celle sur les tablettes d'ivoire. [15]

1760. 4. p. LV. *Matthiae de inventione scripturae apud graecos* ouvrage d'une érudition profonde, mais qui est encore manuscrit. Voss a très bien rendu l'idée du poëte, dans sa traduction allemande, livre 6. v. 168. 169.

Aber er sandt' ihn gen Lykia hin, und traurige Zeichen
Gab er ihm, todesworte geritzt auf gefalteten täflein.

Augustin Rode vient de publier un écrit particulier sur cet objêt, (1800) dont on lit l'extrait dans: *Göttinger gelehrte Anzeigen.* 1801; no. 91.

14 Plutarchi Opera omnia Bas. 1542. fol. αποφθεγματα λακωνικα p. 138; — και εις την αριστεραν υπεστρωμενη τη χειρι νικην προσεγραψε etc.

15 C'est dans ce sens qu'il faut entendre les mots de *Martial Epigrammat.* XIV. 3.

Languida ne tristes obscurent lumina cerae,
Nigra tibi niveum litera pingat ebur.

L'écriture avec des lames de fer ou de laiton percées à jour aurait pu, comme la gravure en bois, accélérer l'époque de la decouverte de l'imprimerie. En effêt en creusant le metal pour tracer les mots on en détache souvent des lettres entières; or ces lettres isolées pouvaient aisément faire naître l'idée de composer des caractères simples pour former des mots. L'art d'écrire ainsi avec des patrons, qui, comme je l'ai montré dans mon ouvrage sur la typographie, avait fait de grands progrès à Mayence, [16] était aussi connu des anciennes et surtout des Romains. Ces tablettes s'appellaient hypogrammon, (ὑπογϱαμμον); Quintilien conseille, de s'en servir pour apprendre à écrire aux enfans. [17]

JUSTIN

Il parle dans un autre endroit de la même difference: LVI. 5;

Secta nisi in tenues essemus ligna tabellas,

Essemus lybici nobile dentes opus.

Les tablettes de bois enduites de cire furent appellées des *Romains pugillares*. Les *Grecs* les appellaient d'après le nombre des tables: διπτυχα, τϱιπτυχα, πενταπτυχα. Leur usage était très different, selon qu'il était public ou privé. Voy. *SAM. PITISCUS Lexicon antiquitat. roman.* tom. 2. p. 560. — *CHRIST. GOTTL. SCHWARZ de libris plicatilibus veterum* §. 6. — Idem *de vetusto quodam diptycho consulari et ecclesiastico* Alton. 1742. — et *WUNDERLICH Commentatio de pugillaribus.* Jenae 1756. 4.

16 Voyez *FISCHER's typographische Seltenheiten.* 3 Livraison p. 140 et sqq.

17 V. *QUINTILIANI Institut. Orator.* Libr. I. cap. 1. où il dit:

Cum puer iam ductus sequi coeperit, non inutile erit, litteras tabellae quam optime insculpi, vt per illos, velut sulcos ducatur stilus. Nam neque errabit, quemadmodum in ceris, (continebitur enim utrimque marginibus) neque extra praescriptum poterit egredi et celerius ac saepius sequendo caesa vestigia formabit articulos, neque egebit adjutorio manus, manu superimposita regentis; (d'après l'edition de N. JENSON de 1471.)

JUSTIN I en fesait usage pour signer ses lettres et actes publics. [18] Mr. MURR donne la description d'une plaque de cuivre semblable qui, à en juger par l'inscription, doit être du tems de CONSTANTIN. [19]

Ce ne sont cependant que des circonstances secondaires, si je puis m'exprimer ainsi, dans la marche de l'invention de l'imprimerie. Les anciens connaissaient d'autres procédés qui se rapprochent davantage de l'idée de cet art.

Les Romains savaient préparer des caractères simples ou des mots entiers, pour être imprimés en brique, en cire ou même avec une espèce d'encre. Que l'on se rappelle les anneaux de cachet, les estampilles, qui servaient à marquer les esclaves et les bêtes.

Les anneaux avaient des caractères creusés ou travaillés en relief. On s'en servait comme des nôtres, en les imprimant dans une matière molle; le plus souvent, on les enduisait d'une encre épaisse, pour les appliquer comme signatures. C'est ce que font encore aujourd'hui les nations orientales, d'après les observations des voyageurs. [20]

Quant aux estampilles qui servaient à designer les esclaves fugitifs et repris, les chevaux, les bêtes à cornes et autres, les caractères y étaient gravés en relief. Le signe ou le caractère leur fit même donner un nom particulier. [21]

---

18 V. *PROCOPII Histor. arcan.* cap. V.

19 V. TRISTAN Commentar. histor. Tom. 3. p. 685. et MURR's Journal zur Kunstgeschichte. Vol. 2. p. 183.

20 Voyez OLEARIUS, POCOCK, LUDECKE et autres.

21 Un cheval p. e. marqué avec le caractère κоππα, s'appellait ἵππος κοππατιας, ou celui que l'on avait désigné par σαμ ou σιγμα fut nommé σαμφορος. Voyez ARISTOPHANIS *nubes* v. 23. Ces signes furent appliqués au moyen du fou;

Continuo notas et nomina gentis inurunt.

Les caractères que nous trouvons sur les briques des romains, furent également imprimés. On a des exemples que celui qui en fesait le moule, gravait quelquefois ces caractères dans le sens de l'écriture, ce qui les fesait paraitre dans le sens inverse après l'impression.

Fuchs [22] décrit dans son histoire de Mayence une brique qui contient les caractères suivans, conservés dans leur position:

ꟻ

ꟼ Я ꟼ I I X X

Il croit même que ces caractères furent gravés séparement parceque les derniers sont plus enfoncés. Mais cette impres-

---

Virgil. Georg. livre 3. v. 158; et on peut comparer un autre passage liv. 1. v. 263. Voyez aussi *Jo. Gottl. Derling de modo inurendi stigmata vetutissimo.* Halae 1720. et *Jo. Aug. Groebelii observationes* de στιγματισμω *veterum* dans les *Miscellanea Lipsiensia.* Tom. 10.

Il en fut de même des esclaves fugitifs et repris. p. e. les lettres F. H. E. L. T. *fugitivus hic est Lucii* Titii furent marqués avec un fer chaud, qui contenait ces caractères en relief. Ces esclaves furent appellés: *stigmatici, stigmariae, notis compuncti,* στιγωνες, στιγματιαι. Voyez *Rhodigini Lection. antiq.* p. 1417; *Jac. Gronovii* Thesaur. antiquitat. graec. Tom. 6. p. 3699; et *Nicolai* de *siglis veterum* p. 176;

Les bêtes à cornes furent marqués avec du goudron (*pice liquida*); Voyez *Columella* VII. 9. 12.

Cet usage est très ancien. Le passage dens les Epîtres de St *Paul aux Galates* Chap. 5. v. 17. Εγω γαρ τα στιγματα τȣ κυριȣ ιησȣ εν τω σωματι μȣ βασταζω, a donné lieu à un travail très savant de Godofr. Bernhard *Cassebur* et Dan. Reinhold *Bock de stigmatibus servorum.* Regiomonti 1730. 12 pages in 4.

[22] *Fuchs Geschichte von Mainz* Vol. II. p. 124. Tab. XI. Num. XXXIX.

sion plus enfoncée des lettres R P ne prouve rien si non que, lors de l'application, la pression avait été plus forte d'un coté que de l'autre; ce qui nous arrive journellement en mettant l'estampille ou le cachet: le méchanisme de la main porte toujours la plus grande force de droite à gauche, si on n'y met une attention particuliere, pour rendre la pression plus égale.

Ce genre d'impression, si on peut l'appeller ainsi, est très ancien et fut déjà connu aux Egyptiens, car Niebuhr trouva dans son voyage en Egypte des briques imprimées de cette maniere. [23]

L'estampille de metal, trouvée près de Rome et que Charles Duc de Richmond possedait dans sa collection est beaucoup plus remarquable. Elle avait une anse et l'inscription à l'envers. Les caractères étaient en relief:

·ILICƎACIC NS·ƎAIMЯƎH

L'impression de cette estampille donnait, dans le vrai sens:

CICAECILI· HERMIAE·SN

ou Caji Julii Caecilii Hermiae Signum. [24]

---

[23] Voyez *Niebuhr Voyage en Egypte* Vol. I. p. 98 de l'édition allemande.

[24] Voyez *Description of an antique metal stamp in the collection of his Grace Charles Duke of Richmond, being one of the Instances how near the romans had arrived*

Les Romains mettaient entre les mains de leurs enfans des caractères mobiles d'ivoire pour qu'ils pussent, en jouant, apprendre les premiers élémens de la lecture. Quintilien qui nous rapporte cet usage, semble insinuer qu'il concevait lui-même le developement bien plus important qu'on aurait pu donner à cette idée. [25]

Cicéron est cependant le seul des anciens qui ait eu l'idée précise d'une théorie presque parfaite d'impression. Je cite ici ce qu'il fait dire à Balbus le stoïcien, dans son livre de la nature des Dieux:

> *Hic ego non mirer esse aliquem, qui sibi persuadeat, corpora quaedam solida atque individua vi et gravitate ferri; mundumque effici ornatissimum et pulcherrimum ex eorum concursione fortuita? Hoc qui existimet fieri potuisse, non intelligo cur non idem putet, si innumerabiles unius et viginti formae litterarum (vel aureae vel quales-libet) aliquo conjiciantur; posse ex his in terram excussis annales Ennii, ut deinceps legi possint, effici; quod nescio anne in uno quidem versu possit tantum valere fortuna.* [26]

---

to the art of Printing; with some Remarks by C. Mortimer dans les *Philosophical Transactions* No 450 Octbr. 1738 p. 388. et dans les *philos. transact. abriged by John Martyn* Vol. IX. p. 417. Pl. I. fig. 5. et 6.

25 *Quintiliani Institutiones orator.* liv. 1. §. 21. *Non excludo autem, id quod est notum, ad discendum irritandae infantiae eburneas etiam litterarum formas in ludum offerre.*

26 C'est ainsi que Balbus le stoïcien argumente contre Vellejus l'épicurien. Voy. Cicéron *De natura Deorum* liv. 2. Chap. 20.

Ce passage aurait-il contribué à cette belle decouverte, comme l'a pensé JOHN TOLAND? 27

On voit de là combien les anciens et surtout les Romains avaient porté loin l'art de la gravure des caractères et on s'étonne que des peuples d'un genie aussi inventif, aient pu borner à des usages grossiers un art qui eût pu les conduire à une des plus brillantes découvertes dont s'honore le genie des hommes.

Il était reservé à un MAYENÇAIS, à JEAN GUTENBERG d'exécuter ce que CICÉRON n'avait fait qu'entrevoir.

---

27 Voyez *JOHN TOLAND Conjectura verosimilis de prima typographiae inuentione.* Cette conjecture est imprimée en anglais dans ses oeuvres posthumes qui ont paru sous le titre: *Collection of several pieces of Mr. JOHN TOLAND.* London 1726. in 8. p. 297, et en latin à la tête du 2 Volume des *Annales typographici* de *MAITTAIRE.*

Quelques-uns se sont imaginés, entrevoir l'imprimerie dans ces vers de *Boëce de consolatione philosophiae* livre 6 M. 4. v. 1-9 et 29, 30:

Quondam Porticus attulit —
Obscuros nimium Senes,
Qui sensus et imagines
E corporibus extimis
Credant mentibus imprimi;
Ut quondam, celeri stylo,
Mos est aequore paginae
Quae nullas habet notas; . . . .
. . . . . .
. . . . quae . . . . modo
Impressas patitur notas;

SECTION SECONDE.

JEAN GUTENBERG

Mayençais, inventeur de l'imprimerie.

L'Imprimerie dut sa naissance à une revolution qui arriva à Mayençe vers l'an 1420.

CONRAD III nouvellement nommé à l'électorat de Mayence fit son entrée solemnelle dans sa capitale accompagné de l'empereur RUPRECHT. La noblesse et le peuple choisirent séparément des députés pour aller au devant de leurs souverains leur porter les témoignages de leur entiere soumission et de l'allegresse qu'allait causer leur presence. Mais soit que les députés patriciens eussent, à dessein, prévenu ceux du peuple, soit que le hazard les eut favorisé, ils arrivèrent les premiers et saluèrent seuls l'empereur. Le peuple vit, dans cette démarche, une exclusion offensante pour lui. Il demeura froid spectateur des fêtes qui furent données à ces deux princes et la sédition fut bientôt la suite de ce morne silence. Il se porta avec fureur chez les patriciens, assiègea leurs demeures et leur imposa des lois si dures que les plus anciennes familles telles que FURSTENBERG, GAENSFLEISCH, HUMBRACHT, ZUM JUNGEN et autres préférant un exil volontaire à la perte totale de leurs privilèges, se réfugièrent, les unes dans leurs campagnes, les autres à FRANC-

FORT, OPPENHEIM etc. [28] Notre GUTENBERG appartenant à la maison GAENSFLEISCH se retira à Strasbourg.

JEAN GAENSFLEISCH de SORGENLOCH dit ZUM GUTENBERG [29] portant un nom illustre et vivant dans un siècle où un noble dégénérait en sachant écrire, ne se fut sans doute jamais avisé, sans cet événement, d'une découverte aussi interessante. Mais éloigné de ses parens, de ses amis, de ses biens, rendu à lui même enfin, ce fut dans son propre génie qu'il chercha des moyens de distraction dignes de lui. Il parait que son projêt l'occupait encore lorsqu'il communiqua à sa soeur, réligieuse à Ste CLAIRE, la resolution qu'il avait prise de revenir à Mayence.

Cette lettre qui nous sert de document et que mon collegue, le Citoyen BODMANN, a découvert dans les archives de Mayence, merite d'être connue en entier; elle nous servira, plus tard, à prouver que GUTENBERG n'était pas hors d'état de monter lui même une imprimerie. La voici dans sa langue originale avec la traduction du Citoyen OBERLIN. [30]

---

28 Voyez *JOANNIS de patriciis moguntinis* dans *Scriptores historiae moguntinens.* Tom. 3. p. 460 §. X.

29 On n'a pas de données certaines sur l'époque de sa naissance, on peut cependant présumer, avec quelque certitude, que ce fut en l'année 1397, ou 1398.

La famille de GAENSEFLEISCH se divisa en deux branches dont l'une prit le nom *de Solgeloch* l'autre celui de *Bodenheim.* JEAN GUTENBERG était de la branche dite *Solgenloch.* Il portait le nom de GUTENBERG de la maison ZUM GUTENBERG dont nous allons bientôt parler.

30 Voyez *Essai d'annales de la vie de JEAN GUTENBERG inventeur de la typographie par Jér. Jacques Oberlin. à Strasbourg an IX. p. 3.*

Der wurdigen geistlichen Juncfrawen Bertha, Regelern des Closters zu sente Claren zu Mentzen, myn Grus, und waz ich frundlichs vermag zuvor. lieben swester. Als Ir schrybt, daz uch uwer Gulte, und Gelt das uch durch Conrad unserme bruder in syner Satzunge bescheiden ist, dick und lange Zyt ufs steende vorliben ist, und sich machet uff eyne nemeliche somma geltz, als ir meldet, des entpieten ich uch, daz ir von myne Zinse und gulte, als ir wol wissent, die steende und vallende sin umb Johan Dringelter den Kertzenmecher, und Veronika Meystersen zu Seilhouen zu Mentze, und anderswa zu Lorzwiler und zu Bodenheim, und zu Muminheim nemet, und entphahent zwentzig Gulden und daruber furderlichen uwer Quittancie gebent; will ich, als Gott will, so ich allenest bi uch zu sin vermein, mit Pedirmann mich
des

À la digne religieuse Berthe au couvent de Ste. Claire de Mayence, salut et souhait amical et fraternel. Chere soeur. Sur ce que vous me marquez que vos rentes et argent, qui vous ont été légués par Conrad notre frere, par son testament ne vous ont pas été payés souvent et depuis long-temps et qu'ils vous sont dûs encore, et se montant, comme vous dites à une sómme considérable, je vous fais savoir, que vous pourrez prendre et toucher contre votre quittance, la somme de vingt florins (d'or) de mes rentes et revenus, placés, comme vous savez, à Mayence et en autres lieux sur Jean Dringelter le ciergier, et sur Véronique Meystersen à Seilhoven, à Mayence et en plusieurs autres lieux, comme Pedirmann pourra vous l'apprendre, à Lorzwiller et à Bodenheim et à Muminheym. Je me propose, s'il plait à Dieu, comme j'espère de vous revoir
dans

des . . . . . dafs uch uwer Gult gekart wirt, als uch gemacht vnd bescheiden ist; wanne, daz dieselbe messelich ist, Pedirmanne wolle irfarn hait, und wil des uwer Antwort bafs mogeliche gewarten. Datz. Strazburg feria quinta post Dominicam Reminiscere anno M. cccxxiiij.

HENNE GENSFLEISCH, genannt SORGENLOCH.

dans peu d'arranger l'affaire avec Pedirmann, pour que votre bien vous soit délivré promptement de la manière qu'il vous est légué et constitué. J'attends d'abord la-dessus votre réponse. Donné à Strasbourg feria quinta post Dominicam (le 24 Mars.) MCCCCXXIIII.

Signé

HENNE GENSFLEISCH, dit SORGENLOCH.

Il parait cependant qu'il ne persista pas dans cette resolution, parceque CONRAD III. ayant, en 1430, rapellé les familles nobles, GUTENBERG et quelques autres restèrent absents de leur patrie et ne témoignèrent aucun desir d'y rentrer pendant le regne de ce prince. [31] On a néanmoins la certitude que GUTENBERG reparut à Mayence en 1434, sans doute pour quelques arrangemens d'interêts avec ses frères. [32]

Il s'attacha à une certaine ANNE dite *zur Isernen Thür* à laquelle il parait avoir promis le mariage puisqu'elle le fit assigner, pour celà, à l'officialité de *Strasbourg*. SCHÖPFLIN et OBERLIN pensent qu'il l'épousa. On trouve, en effêt, sur les

31 Voyez JOANNIS *Comment. de Patriciis mogunt.* dans *Scriptor. rerum Mogunt.* Tom. 3. §. XI. p. 460. et plus correctement dans KÖHLER's *Ehrenrettung Gutenberg's* p. 67. Lit. Bb.

32 V. KÖHLER's *Ehrenrettung* p. 82.

rôles de contributions de cette ville, une ENNEL GUTENBERGER.[33]

Un nommé *Dritzehn* lui intenta, pendant son séjour à Strasbourg, en 1439, un procès dont SCHÖPFLIN nous a conservé les actes.[34] Les témoins qui comparurent alors attestent incontestablement le génie inventif de GUTENBERG. On voit, par leur dépositions, qu'il s'occupait du *poli des pierres* et *des glaces* et d'autres *arts tenant au merveilleux.* Il avait associé à ses entreprises JEAN RIFFE, ANDRÉ HEILMANN et ANDRÉ DRITZEHN.

Je vais copier ici les déclarations qui ont trait à son imprimerie. Elles intéresseront, sans doute, par l'aveu bien naïf que les planches ou les pièces de l'imprimerie que projettait GUTENBERG pouvaient se composer et décomposer à volonté, que ce secret était bien inconnu avant lui, puisqu'il fesait tous ses efforts pour empêcher quil ne se repandît:

Frouwe Ennel Hanns Schultheissen frouwe des holtzmans hat geseit das Lorentz Beldeck zu einer zit inn ir hus kommen sy zu Claus Dritzehen irem vetter und sprach zu ime, lieber Claus Dritzehen, Andres Dritzehen seiig hat iiij. Stücke in einer pressen ligen, do	Anne femme de Jean Schultheiss ouvrier en bois a déclaré que Laurent Beldeck vint un jour chez elle trouver Nicolas Dritzehen son cousin et lui dit: Mon cher Nicolas Dritzehen, feu André Dritzehen a laissé quatre pièces dans une presse; Gutenberg a prié de

[33] Voyez SCHÖPFLIN *Vindiciae typographicae* p. 17 et OBERLIN *Annales de Gutenberg* p. 13.

[34] V. SCHÖPFLIN l. c. *Documenta* No. II. III. et MEERMANN.

hatt Guttenberg gebetten das ir die usz der pressen nement und die von einander legent uff das man nit gewissen kune was es sy dann er hatt nit gerne das das jemand sihet.	les oter, et de les separer, afin qu'on ne puisse voir ce que c'est, car il ne veut que personne les voie.
Hanz Schultheisz hat geseit das Lorentz Beildeck zu einer zit heim in sein husz kommen sy Claus Dritzehen als dieser gezuge jn heim gefürt hette, als Andres Dritzehen sin bruder selige von todes wegen abgangen war, und sprach da Lorenz Beildeck zu Claus Dritzehen, Andres Dritzehen uwer bruder selige hat iiij. Stücke undenan inn einer pressen ligen, da hat uch Hanns Gutemberg gebetten das ir die daruz nement und uff die presse legent von einander so kan man nit gesehen was das ist.	Jean Schultheiss a déclaré qu'après la mort d'André Dritzehen, Laurent Beildeck étant venu trouver chez lui Nicolas Dritzehen frère du Defunt, lui avait dit: feu André Dritzehen votre frère a laissé là bas quatre pièces dans une presse. Jean Gutenberg vous a prié de les en ôter et de les mettre séparément sur la presse parcequ'alors on ne peut pas voir ce que c'est.
Cunrad Sahspach hatt geseit das Andres Heilmann zu einer Zit zu ime komen sy	Conrad Sahspach a déclaré qu'André Heilmann vint un jour le trouver dans

inn kremer gasse und sprach zu ime lieber Cunrad als Andres Dritzehen abgangen ist da hastu die pressen gemacht und weist umb die sache do gang dohin und nym die Stücke usz der pressen und zerlege sü von einander so weis nyemand was es ist.

Lorenz Beildeck het geseit das Johann Gutenberg jn zu einer Zit geschikt het zu Claus Dritzehen sagen das er die presse die er hinder jm hett nieman oigete zoigete, das ouch diser Gezug det, und rette ouch one und sprach so vil und gon über die presse und die mit den zweyen wurbelin uff dun so vielent die stucke voneinander, dieselben stucke solt er dann in die presse oder uff die presse lege so kunde darnach niemand gesehen noch ut gemerken, —

Dirre gezuge hat ouch geseit das er wol wisse das Gu-

la rue Kraemergasse, et lui dit: mon cher Conrad, André Dritzehn est mort; tu as fait les presses et tu sais ce dont il s'agit; va tirer les pieces de la presse et décompose-les, alors personne ne saura ce que c'est.

Lorenz Beildeck a déclaré que Jean Gutenberg l'envoya un jour auprès de Nicolas Dritzehen, après la mort de son frere André, pour lui dire, de ne montrer à personne la presse, qu'il avoit chez lui, ce que ce temoin fit aussi; il le pria, de plus, de se donner la peine, d'aller à la presse pour en ouvrir les deux vis, qu'alors les pièces se sépareraient d'elles mêmes; qu'il n'auroit qu'à les mettre au-dedans ou au dessus de la presse, et que parce moyen, personne ne pourrait ni voir ni deviner.

Ce temoin a, en outre, déclaré, qu'il savait bien, que

tenberg unlange vor Wihnahten sinen Kneht sante zu den beden Andresen, alle formen zu holen, und würdent zur lossen das er efs sehe, und jn joch ettliche formen ruwete.

Gutenberg avait envoyé, peu avant Nöel, son domestique auprès des deux André, pour chercher toutes les formes, et que là elles furent refondues sous ses yeux, parcequ'il y en avait quelques unes dont il n'etait pas content.

Do noch do Andres selige abeginge, und dirre gezuge wol wuste das lüte gern hettent die presse gesehen, do spreche Gutenberg sü soltent noch der pressen senden er forhte das man sü sehe, do sante er sinen Knecht darin sü zur legen;

Mais qu'après la mort d'André, ce temoin sachant que beaucoup de monde était curieux de voir la presse, Gutenberg leur dit d'envoyer à la presse, qu'il craignait qu'on ne la vît; il y envoya même son domestique pour la decomposer.

Hanns Dünne der goltsmyt hat geseit, das er vor dryen joren oder do by Gutenberg by den hundert guldin abe verdienet habe alleine das zu dem trucken gehöret.

Jean Dunne orfevre a déclaré, qu'il y avoit trois ans environs que Gutenberg lui avoit fait gagner près de trois cents florins seulement pour ce qui concerne l'imprimerie.

Ces témoignages prouvent donc victorieusement qu'en 1439 Gutenberg avait déjà une presse montée, et des pièces qui servaient à l'impression, enfin les élémens *d'une imprimerie.*

Il avait pour atelier la maison de Dritzehn. L'établissement bien posterieur de l'imprimerie de Jean Pruys au Thiergarten a donné lieu à la tradition que ce fut là qu'on imprima pour la premiere fois. [35]

FOURNIER refuse à GUTENBERG l'invention des caractères mobiles. „Je demande" „dit il;" [36] „à ceux qui sont versés dans la conaissance de l'imprimerie s'il y a dans ces témoignages quelque chose qui annonce la mobilité des caractères: n'est il pas visible au contraire, qu'il n'y est question que de planches fixes? — Séparer les pages dont une forme est composée n'est autre chose que les ôter du chassis qui les assemble, pour l'impression, ce qui convient parfaitement à des planches de bois sur les quelles sont gravés des caractères fixes."

Il ne m'appartient pas de faire la critique de cet ouvrage plein de recherches savantes et de remarques ingenieuses. Mais il s'en faut que l'auteur soit toujours d'accord avec la verité. On peut voir à cet égard une lettre du professeur BAER [37] servant de reponse aux observations publiés par FOURNIER le jeune.

Je conviens bien, avec FOURNIER, que les essais typographiques de GUTENBERG à STRASBOURG, n'étaient qu'une application de la gravure en bois déjà en usage et que l'art de l'imprimerie ne fit alors, dans cette ville, d'autres progrès que ces planches fixes. Mais ses monumens d'impression mayençaise lui assurent toujours la gloire de l'invention des caractères mobiles.

---

35 LAGUILLE *Histoire d'Alsace* Part. I. L. 29. p. 333.

36 Voyez FOURNIER *Observations sur un ouvrage intitulé Vindiciae typographicae.* à Paris 1760. 8. p. 36.

37 Voyez *La lettre sur l'origine de l'imprimerie servant de reponse, aux observations publiées par Mr.* FOURNIER *le jeune sur l'ouvrage de Mr.* SCHÖPFLIN. à Strasbourg 1761, 44 pages in 8.

Au surplus, pendant son séjour à Strasbourg, Gutenberg ne fesait pas de l'imprimerie un objet particulier de spéculation, il ne s'y adonna entièrement, à ce qu'il parait, que lors de son retour à Mayence. Le procès dont j'ai cité plus haut des extraits, jette un grand jour sur cette affaire. Avant d'en faire l'analyse je vais en extraire encore une conversation d'André Dritzehn l'un des associés de Gutenberg:

Barbel von Zabern hatt geseit — aber hülffe Gott was vertünt ir gros geltes es möchte dolme über X guldin haben kostet, Antwurt er ir wider und sprach du bist ein dörin wenestu das es mich nuwent X gl. gekostet habe, hörestu hettestu als vil als es mich über III^c^. bare guldin gecostet hett du hettest din leptage gnüg, und das es mich minder gekostet hatt dann V^c^. gl. das ist gar lützel one das es mich noch costen würt darumb ich min eigen und min erbe versetzet habe, Sprach dise gezugin aber zu ime, heiliges liden misselinge uch dann wie woltent ir dann tun, antwurt er ir uns mag nit misselingen, ee ein jor ufskommet so hant wir un-

Barbe de Zabern a dit: mais mon Dieu, quel est donc votre benefice? Vous avez déjà avancé plus de 10 florins; tu es folle, lui repondit-il, crois-tu que je n'aie avancé que 10 florins? Ecoute, si tu avais ce qu'il m'en a couté au delà de 300 florins, tu pourrais passer tranquillement le reste de tes jours; car j'ai certainement bien depensé près de 500 florins, sans parler de ce qui m'en coutera encore à l'avenir, c'est pourquoi j'ai hypothéqué tout mon bien. Mais, misericorde lui-disait ce temoin, mais si votre entreprise ne vous reuissit pas, qu'allez vous devenir? oh lui repliqua-t-il, notre succès est certain et, avant qu'un an soit passé, nous en aurons

ser houbtgut wider und sint dann alle selig Gott welle uns dann blogen.

retiré notre capital et mêm de quoi nous rendre tous heu reux, à moins que Dieu n'e dispose autrement.

André Dritzehn mourut peu de tems après cet entretien. S frères citèrent aussitot Gutenberg à la justice de Strasbourg demandèrent ou la restitution des sommes que Dritzehn ava mises en commun ou d'être admis eux-mêmes dans la sociét Gutenberg déclara qu'effectivement André Dritzehn s'etait pr senté à lui pour apprendre l'art de polir les pierres et autres ar merveilleux et secrets; [38] qu'ils etaient convenus d'une certain somme dont une partie avait été payée d'avance. Les juges deci dèrent que la mort d'André Dritzehn l'ayant empêché de retir de cette association des avantages proportionés aux depense qu'il avait déjà faites, Jean Gutenberg devait restituer aux héri tiers une partie de la somme que leur frère avait avancée.

Que conclurre de tout ceci? les temoignages et principalemen ceux cités plus haut prouvent, à la verité, que Gutenberg s'occu pait à Strasbourg, entre autres choses, des moyens de monter un imprimerie, mais on y voit aussi que ce n'était pas là son objêt prin cipal; qu'il fallait, qu'à cette époque, (en 1439) cette entrepris n'eut produit que de bien faibles résultats puisque le poli des gla ces et des pierres et les *arts merveilleux et secrets* qui entraient san doute aussi dans l'association d'André Dritzehn, n'avaient pas p indemniser ce dernier des sommes qu'il avait mises en société.

Ceu

38 Ce qui est exprimé, dans le procès, par le vieux mot allemand *Affentur* q *Schöpflin* rend par *Artes mirabiles atque secretae*.

Ceux qui prétendent que Strasbourg fut le berceau de l'imprimerie objectent que GUTENBERG se trouve encore inscrit sur le tableau des contributions de cette ville en 1444. Il y est donc, disent-ils, resté cinq ans encore après son procès. Ne peut-il pas se faire que, pendant cet intervalle, il ait perfectionné cette decouverte?

Je réponds à cela:

1. Quoique GUTENBERG se trouve en 1444 sur les rôles de Strasbourg, il est cependant prouvé qu'en 1443 il avait déjà loué à Mayence la maison dite *Zum Jungen*, [39] lieu ou depuis il imprima pour la première fois.

---

[39] Voyez KÖHLER's *Ehrenrettung Guttenberg's* p. 67. Litt. Aa. GUTENBERG est nommé dans ce document *le vieux*, ce qui a causé beaucoup d'erreurs dans l'exposition de sa généalogie. KÖHLER lui même a fait des fautes considerables dans sa table généalogique Lit. Ii ad pag. 77. Elle est susceptible de la correction suivante, qui ne laisse aucun doute à cet égard:

16. *Friele zum Gänsefleisch* demeurant à Elfeld 1431, 32.	19. *Henne Gänsefleisch* le vieux mort après 1440.
sa femme	
17. *Elsechin* fille de *Jeckel Hirz* 1431.	20. *Kettgin* sa femme.
18. Henne Gänsefleisch de Sulgeloch dit *zum Gutenberg*.	21. *Henne Gänsefleisch* son fils.

c'est donc après la mort de son oncle, de *Henne Gänsefleisch* le vieux, que *Henne Gänsefleisch* de *Sulgeloch* dit *zum Gutenberg* était le vieux.

Pour la satisfaction de ceux qui connaissent *Mayence* et qui s'interessent aux changemens qu'ont apporté le tems et les évenemens aux monumens d'une decouverte dont cette ville s'honore, je donnerai ici quelques renseignemens sur la maison dite *zum Jungen*.

Cette maison était autrefois un grand hotel avec une cour considérable, près celui dit *Lorscherhof* vis à vis les Recolêts; elle tenait d'un coté à la maison dite *Hanauerhof* et de l'autre elle donnait sur la rue, de sorte qu'elle comprenait la

2. Si à Strasbourg GUTENBERG ne se fût pas borné à de simples essais qui n'etaient que le prélude de l'art, bien certaine-

---

maison dite *Färberhof* et toutes les autres jusqu'à l'ancienne rue *Marktstrasse* Voy. *GUDENUS Codex diplom.* vol. 2. p. 513 et 532. Une famille en portait le nom. Le proprietaire se rendit, après la revolte de 1420, à Francfort. Voy *JOANNIS de patriciis moguntinis Commentar.* §. 10. dans *Scriptores rerum moguut.* Tom. 3. p. 460. Cette famille avait cependant la propriété de la maison e la loua en 1443 à JEAN GUTENBERG qui y établit la première presse. L'Electeur ADOLPHE II la confisqua en 1462 parcequ'elle appartenait à un partisan de DIETHER et la donna en fief à BRÖMBSER de RÜDESHEIM. Après la mort de cette famille, elle fut affectée à Mr. de GREIFFENCLAU zu VOLLRATS qui en occupait encore récemment une partie, savoir celle que possede mon collègue le professeur WEIDMANN. Il parait vraisemblable au Cen SCHUNK, vicaire à Mayence et homme très versé dans l'histoire de sa patrie, que la même maison qui est occupée aujourd'hui par le Cen CRASS, imprimeur, en était le principal corps de logis et que c'etait là que GUTENBERG avait monté son atelier avec FUST et qu'il imprima aussi avec ses aides après le fameux procès de 1455.

SCHÖPFLIN a été dans l'erreur, s'il a cru que la maison *zum Jungen* était la même que celle *zum Gutenberg*. V. *Mémoires de l'Academie d'inscriptions et belles lettres* Tom. 17. p. 765. La maison *zum Gutenberg* qui était à la même place où l'on a bâti depuis le café SCHROEDER appartenait effectivement à GUTENBETG l'inventeur de l'imprimerie et non pas à GUTENBERG le tresorier et dynaste, famille absolument étrangère à celle de GUTENBERG DE SOLGELOCH; Elle n'a jamais servi d'atelier typographique. Cette maison fut confisquée par ADOLPHE en 1462. — En 1656 elle fut ruinée; mais lorsque JEAN PHILIPPE declara propriété de l'état les maisons qui ne seraient point réparées dans un certain espace de tems, elle fut donnée par le même électeur à MEHL chancelier de *Würzburg*. MEHL en dota la faculté juridique de l'université de Mayence en 1666, et celle-ci y plaça sa Bibliothèqûe et ses cours jusqu'en 1713. Ce fut dans la même maison qu' IVO WITTIG dressa à notre GUTENBERG un monument dont l'inscription était ainsi conçue:

> JO. GUTENBERGENSI MOGUNTINO, QUI PRIMUS OMNIUM LITTERAS AERE IMPRIMENDAS INVENIT, HAC ARTE DE ORBE TOTO BENE MERENTI IVO WITIGISIS HOC SAXUM PRO MONUMENTO POSUIT. MDVIII.

Serrarius le vit encore, (*Rer. mogunt.* lib. 1. cap. 38.) mais il fut detruit plus

ment on pourrait produire quelqu'ouvrage sorti alors de sa presse. Il est vrai que Schöpflin lui en attribue, mais je démontrerai plus bas la fausseté de cette présomption.

Ce qui prouve encore que Gutenberg n'avait pas, à Strasbourg, l'idée des *caractères mobiles*, 4° c'est qu'il est constant qu'à son retour à Mayence, il imprima d'abord avec des planches fixes en bois.

3. Si l'imprimerie de Gutenberg à Strasbourg eut été un établissement de quelqu'importance, l'eut-il abandonnée aussi légèrement et ses autres associés Riffe et Heilmann, qui ne le suivirent pas à Mayence; n'auraient-ils pas continué ses procédés typographiques? Mais 25 ans s'ecoulent sans qu'on imprime à Strasbourg; Enfin parait un nommé Mentel imprimeur.

---

tard. Il parait que *Serrarius* se trompa en lisant la date 1508, Ivo Wittig étant mort le 17 Decembre 1507 V. *Gudenus Codex diplom.* Tom. 3. p. 971.

C'est d'après ces notices qu'il faut corriger le contenu de la lettre qu'écrivit le professeur Dürr à Heinecke sur ces deux maisons. V. *Heinecke's Neue Nachrichten von Künstlern und Kunstsachen.* Dresden und Leipzig 1786. 8. P. I. p. 242.

4° La quantité de plomb dont les témoins parlent, p. e.:

So were auch Andres Dritzehen an vil enden do sie bli vnd anders das dazu gehört kaufft hettent, bürge worden, das er auch vergolten und bezahlt hette	De plus, André Dritzehen s'était rendu caution en beaucoup d'endroits pour, du plomb et autres choses y appartenantes, et qu'il en avait soldé le montant.

cette déposition, dis-je, fait croire à Oberlin l. c. p. 17, que Gutenberg employa de caractères fondus de plomb à Strasbourg. Mais, outre que ce métal est bien plus fexible que le bois surtout si on le divise, d'une manière quelconque, en petites parties propres à former des caractères, il restera toujours douteux, si Gutenberg n'en avait pas besoin, pour préparer les *glaces* dont il fesait une de ses principales occupations.

Et, quoique depuis longtems on se servît à Mayence de caractères mobiles, MENTEL n'employa que des planches fixes. Outre les signes nombreux auxquels on peut le reconnaitre, la date de son impression la plus ancienne, dont SCHÖPFLIN [41] a donné la copie, porte:

Explicit liber iste Anno domini Millesimo
quadringentesimo
sexagesimo sexto formatus arte impressoria
per venerabilem virum Johannem mentell
in argentina

On voit que le mot *quinquagesimo* avant *sexagesimo* y est effacé de manière que le trait au dessus de l'i qui remplace l'n dans les anciennes impressions, les queues des lettres q q g ſ et les trois jambages de la lettre m y paraissent distinctement. Cette correction se fut elle faite de cette manière avec des caractères mobiles même en bois?

Il resulte donc de toutes ces preuves reunies que l'art fut, pour ainsi dire, conçu à Strasbourg, mais que Mayence qui avait donné le Jour à GUTENBERG vit aussi éclorre cet enfant de son génie et que ce fut *cette ville qui donna les premiers livres imprimés.*

---

[41] V. SCHÖPFLIN *Vindiciae typographicae* Table III.

Cinge caput, victrix tandem Maguntia, lauro,
Aemula quam posthaec nulla facit dubiam.
J. M. Gesner.

Trithème contemporain des premiers imprimeurs dit tenir de Pierre Schöffer qui avait été collaborateur de Gutenberg que ce dernier avait d'abord gravé en bois une grammaire latine de Donat que Trithème nomme *Catholicon.* [42] Ulrich Zell as-

---

[42] Voy. Voy. Trithemii Annales Hirsaugienses Tom. 2. ad annum 1450 p. 421 (de l'édition de St. Gallen, de 1690. fol.) „His temporibus in civitate Moguntina Germaniae prope Rhenum et non in Italia, vt quidam falso scripserunt, inventa et excogitata est ars illa mirabilis et prius inaudita imprimendi et caracterizandi libros per Johannem Gutenberger civem moguntinum, qui cum omnem pene substantiam suam pro inventione hujus artis exposuisset, et nimia difficultate laborans, jam in isto, jam in alio deficeret; jamque prope esset, vt desperatus negotium intermitteret, consilio tantem et impensis Joannis Fust aeque civis moguntini, rem perfecit incoeptam. In primis igitur caracteribus literarum in *tabulis ligneis per ordinem scriptis formisque compositis vocabularium Catholicon* nuncupatum *impresserunt,* sed cum iisdem formis nihil aliud potuerunt imprimere, eo quod *caracteres non fuerunt amovibiles de tabulis, sed insculpti,* sicut diximus. Posthaec inventis *successerunt subtiliora, invenerunt que modum fundendi formas omnium latini alphabeti litterarum, quas ipsi matrices nominabant, ex quibus rursum aeneas sive stanneas caracteres fundebant, ad omnem pressuram sufficientes, quos prius manibus sculpebant.* Et revera sicuti ante 30 ferme annos ex ore Petri Opilionis de *Gernsheim,* civis moguntini, qui gener erat primi artis inventoris, *audivi,* magnam à primo inventionis suae haec ars impressoria habuit difficultatem. Impressuri nempe bibliam, priusquam tertiam complessent in opere quaternionem, plusquam 4000 florenorum exposuerunt. Petrus autem memoratus Opilio, tunc famulus, postea gener, sicut diximus, inventoris primi, Joannis Fust, homo ingeniosus et prudens, *faciliorem modum fundendi caracteres excogitavit et artem, vt nunc est, complevit.* Et hi très imprimendi modum aliquandiu tenuerunt occultum, quosque per famulos, sine

sura aussi à l'auteur de la *Chronique de Cologne* en 1494, que GUTENBERG avait dabord imprimé un *Donat* ou *Catholicon* gravé en bois sur des tables fixes, [43] à l'imitation de ceux fait long tems auparavant à Harlem. Cette découverte des table fixes avait été le premier pas vers l'impression avec des caractères mobiles.

---

quorum ministerio artem ipsam exercere non poterant, divulgatus fuit, in Argentinenses primo et paulatim in omnes nationes.

Le passage de la Chronique de Cologne dont je joins une traduction littérale:

„*wiewail die kunst is vonden tzo Mentz, als vursz vp die wyse, als dan nu gemeynlich gebruicht wirt, so ist doch die eyrste vurbyldung vonden in Hollant vyss den Donaten, die dae selffst vur der tziit gedruckt syn. Ind va ind vyss den is genomen dat begyune der vurss kunst. ind is vill meysterlicher ind subtilicher vonden dan die selue manier was, etc.*

„Quoique l'art (de l'imprimerie) ai été inventé à Mayence principalemen pour la manière dont on le pratique aujourd'hui, cependant la première idé en vient des *Donates* imprimés en hollande longtems avant. C'est là que l'o a puisé les principes de cet art; mais on trouvé des procédés beaucoup plus ingénieux et plus parfaits que les précédens etc.

Voy. feuillet CCCXII. Ce passage, dis-je, s'accorde parfaitement avec la notice de *Trithème* que je viens de citer. L'auteur parle distinctement de la *manièr* de l'impression, et non pas des *caractères*. Ces deux documens ne disent don rien sinon que l'art dut son origine à des *tables de bois gravées*.

43 Il ne parait pas vraisemblable à P. LAMBINET que GUTENBERG ait imprimé, après so retour à *Mayence*, avec des tables fixes de bois, (Voy, *Recherches historique litteraires et critiques sur l'origine de l'imprimerie particulièrement sur ses premiers établisemens au XV siecle dans la Belgique maintenant reunie à la république française ornées des portraits et des ecussons des premiers imprimeurs belges.* à Bruxelles an 7 (1798), mais les témoignages de *Schöffer*, de *Trithème* e d'*Ulrich Zell* nous l'assurent cependant d'une manière incontestable.

Birken[44] et Serrarius[45] parlent de caractères de bois, de plomb et d'étain percés au milieu pour les joindre avec un fil, que l'on conservait chez les anciens imprimeurs de Mayence. Les ouvriers de cette profession avaient même dans cette ville une coutume qui était une espece d'hommage rendu à la mémoire des inventeurs de leur art. Celui d'entre eux nouvellement agrégé et admis ouvrier, recevait, en témoignage de ses talens, une de ces lettres de bois. Alef imprimeur à Mayence en conservait encore quelquesunes dont il a même parlé à mon Collègue, le Cen Bodmann; l'imprudence d'une de ses servantes priva la posterité de ces monumens respectables.

Il parait qu'on fut longtems à trouver l'encre convenable à l'impression, car dans les premières éditions mayençaises le noir ne résiste pas à l'eau, à l'acide muriatique etc.

---

44 V. *Sigmund von Birken Spiegel der Ehren des Erzhauses Oestreich.* Nürnberg 1668. fol. lib. V. cap. 2. pag. 527. suivant la traduction latine de *Klefeter*:
Initio ligneas, plumbeas aeneasque literas in medio perforatas sculpebant fundebantque, et illas filo connectebant, sicque ex multis litteris versum sive lineam, et ex multis versibus formam componebant. Hoc modo primum grandiores literae latinae conficiebantur, *antiquae* inde nominatae quibus perforatis literis Moguntiae hodie adhuc novae operae typographicae in ceremoniis illis, quas *postulatum* vocant, tanquam numo lustrico donari solent.
V. Aussi *W. E. Tentzel Uiber die Erfindung der Buchdruckerkunst* p. 81; traduit en latin par *Louis Klefeker* et imprimé dans *Jo. Christ. Wolfii Monumenta typographica.* Hamburg. 1740. 12. Vol. 2. p. 690.

45 *Nicol. Serrarius Rer. mogunt.* libr. I cap. 37.
Adjiciantur primi denique artis hujus modioli, quos antiqua hic (Moguntiae) domus in *Cerasini horti* platea custodit, quosque mihi nuper *Albinus* typographus monstrabat. *It. Jo. Arnold Bergellanus* in praefatione calcographici Encomii.

Gutenberg avait dépensé à Strasbourg des sommes considerables; il avait besoin d'avances pour son entreprise. Il fut donc obligé de s'adjoindre Jean Fust qui moins par ses conseils que par son argent, contribua au developpement de l'art. Cette association se fit en 1450.

Aux tables fixes suivirent bientôt des caractères mobiles. Ces caractères furent d'abord de bois, ensuite de metal.

Gutenberg ajouta bientôt après un complément à sa gloire par une invention sécondaire qu'on pourrait proprement nommer la principale: L'art de fondre des caractères par des matrices. C'est à cette époque l'on voit paraitre une Bible latine, deux éditions de Donate, ouvrages que l'on peut appeller des chefs-d'oeuvre de l'art naissant. Schöffer lui-même rend cette justice à Gutenberg dans le témoignage que nous a conservé Trithème et dans sa souscription de l'edition des Institutions de Justinien de 1468:

Quos genuit ambos urbs Maguntina JOHANNES
Librorum insignes protho-caragmaticos.

Caragmatici [46] ne designe pas seulement des typographes, mais des graveurs, qui préparaient les *matrices* avec des poinçons quelconques.

On ne peut en appeller qu'au témoignage de Trithème pour attribuer à Pierre Schöffer l'invention des *matrices*, cependant cet auteur et Schöffer lui-même s'expliquent assez clairement à ce sujêt. Schöffer perfectionna, il est vrai, la fonte des caractères; mais ceux qui ont une idée de cet art et de celui

[46] Formé du mot grèc: χαρασσειν

celui de la gravure se convaincront facilement que ces deux arts, encore à leur naissance, purent recevoir plusieurs améliorations dont le mérite est infiniment subordonné à celui de l'invention.

Ce PIERRE SCHÖFFER né à Gernsheim [47] était un jeune étudiant qui, ayant déjà acquis beaucoup de connaissances, voyageait et copiait des manuscrits. Soit qu'il en eût préparé pour la presse de GUTENBERG, soit parcequ'il donnait des leçons à la fille de FUST, ces imprimeurs l'initièrent à leur art. Doué lui-même de beaucoup de génie, il ne tarda pas à pressentir tous les developpemens que l'on pouvait donner à cette découverte.

On ne saurait fixer par un document certain le tems où SCHÖFFER commença à travailler à la presse: mais il me parait probable que ce fut vers l'an 1453. On voit par les documents et les monuments typographiques qui sont venus jusqu'à nous que GUTENBERG savait bien fondre les caractères, mais qu'il leur donnait un corps trop considérable. Je citerai entre autres les *Donates* et la *Bible*. Son travail en était d'autant plus pénible; une telle fonte exigeait nécessairement beaucoup de matière. Cet inconvenient majeur stimula le génie de SCHÖFFER. Il imagina de mélanger ensemble les métaux qui pouvaient concourir à la fonte. Par là le caractère moins volumineux eut un degré suffisant de force et les resultats en furent satisfesants pour l'économie du métal et l'oeil du lecteur. Il ne tarda pas à fondre des petits caractères et on peut même avec quelque

47 *Gernsheim* petite ville, quoiqu'enclavée dans le pays de Darmstadt, a toujours appartenu à l'électorat de Mayence.

raison, conjecturer qu'il fut le premier, parcequ'il ne parait pas que GUTENBERG en ait eu avant son association avec SCHÖFFER.

Ces caractères de bois percés au milieu et enfilés dont j'ai parlé plus haut, servaient-ils à l'impression ou étaient-ils les poinçons de GUTENBERG que SCHÖFFER changea en poinçons de métal? Il était bien nécessaire que les poinçons qui servaient à frapper les matrices des petits caractères fussent de métal, mais les caractères à grand corps pouvaient être produits par l'enfoncement d'un poinçon de bois dans une terre glaise qui reçoit facilement la fonte.

Les premiers petits caractères paraissent dans la bulle du Pape NICOLAS V en 1454, imprimée avec le genre de caractères que j'appelle ROTA. Ils imprimèrent avec les mêmes *Duranti Rationale* en 1459 et les deux editions des *offices de Ciceron* en 1465 et 1466, dans la souscription desquelles JEAN FUST parait justifier ma conjecture:

— *non atramento. plumali canna neque aerea. sed arte quadam perpulcra. PETRI manu pueri mei feliciter effeci.*

PIERRE SCHÖFFER avait épousé la fille de JEAN FUST. Cette alliance, la perfection que SCHÖFFER avait portée dans l'art typographique furent sans doute les causes principales qui déterminèrent JEAN FUST à rompre avec GUTENBERG.

Encore un procès qu'eut à soutenir l'inventeur de l'imprimerie et cette fois-ci ce fut l'ingratitude la plus noire qui le lui suscita. A quelles réflexions désolantes ne se livre-t-on pas lorsqu'on réflechit que presque tous ceux qui ont éclairé les hommes ont été en butte à leurs persécutions.

Senkenberg [48] professeur de droit à Giessen a publié ce procès en latin. Koehler [49] l'a répété dans la langue originale; Fournier [50] en a donné une traduction française. Le Cen Oberlin [51] en a fait une analyse très exacte qui m'évite la peine de l'extraire moi-même.

„Faust", „dit-il, page 32", „assigne Gutenberg en justice, pour répéter la somme de 2020 florins (d'or), provenant de 800 florins qu'il avait avancé à Gutenberg, selon la teneur du billet de leur convention, dont il a été parlé plus haut; de même que d'autres 800 florins, qu'il avait donné à Gutenberg en sus sur sa demande, pour achever l'ouvrage, d'autres 36 florins depensés, et des interêts qu'il lui avait fallu payer, n'ayant pas lui-même les fonds suffisans. Gutenberg repliqua que les premiers 800 florins ne lui avaient point été payés selon la teneur du billet, tous et à la fois; qu'ils avaient été employé aux préparatifs du travail; qu'il s'offrait à rendre compte des derniers 800 florins; qu'il ne croyait pas être tenu de payer les interêts ni usures. Les juges ayant déféré le serment à Faust, et celui-ci l'ayant prêté, Gutenberg perdit sa cause et fut condamné à payer les interêts, de même qu'autant du capital que le compte par lui rendu prouverait qu'il en aurait employé à son profit particulier, ce dont Faust demanda et obtint acte du Notaire Helmasperger, le 6 Novembre 1455. — Il parait d'après l'issue

---

48 *Senkenberg Selector. jur. et anecdot.* Tom. I. n. 3.

49 *Köhler's Ehrenrettung* lit. L. p. 54—57. — *Wolff Monumenta typographica* Tom. I. p. 472.

50 *Fournier* de l'origine et des productions de l'imprimerie primitive en taille de bois. à Paris 1759. p. 116—124.

51 V. *Oberlin Annales de la vie de Gutenberg* p. 32.

de ce procès, que GUTENBERG, ne pouvant pas satisfaire au jugement, fut obligé de ceder l'atirail de son imprimerie à FAUST, à qui il l'avait engagé, et dont la bonne foi est suspecte. Car d'abord il ne comparait dans toute cette affaire que comme creancier de GUTENBERG, dans l'intention de le soutenir et de l'aider dans ses entreprises, se mêlant ensuite de la besogne pour se mettre au fait de l'art; à quoi étant parvenu, il se met en possession des presses de GUTENBERG, et s'en attribue depuis, dans les formules finales qui met à ses éditions, toute la gloire, sans faire la moindre mention de celui dont il avait tant profité, et qui, par un excès de modestie très deplacé, ne reclama point."

Je pourrais donner pour preuve de ce que l'imprimerie passa entre les mains de FUST, comme le conjecture le C[en] OBERLIN, que les caractères et les lettres initiales employés par FUST et SCHÖFFER dans les éditions du Psautier de 1457 et 1459 étaient les mêmes que ceux qui avaient déjà servi à GUTENBERG. On voit ensuite dans le livre *Agenda moguntina* édition mayençaise de 1480 les *mêmes* caractères de la *Bible latine* et des *Donates*. Je prouverai dans la troisieme partie que parmi les ouvrages que l'on peut raisonnablement attribuer à GUTENBERG, sont des livres imprimés depuis sa séparation dont les caractères sont tout à fait differens de ses précédentes éditions et de celles de FUST et SCHÖFFER.

Ce fut quelque tems après en 1457 que SCHÖFFER donna la belle édition du Psautier, ouvrage achevé qui fixe encore aujourd'hui l'admiration des connaisseurs. [52]

---

[52] FOURNIER le jeune (sur l'art de gravure en bois p. 47.) dit à ce sujet:

„Que l'on presente aujourd'hui ce livre à tous nos typographes assemblés, et qu'on les charge d'éxécuter une pareille impression par rentrée de plusieurs couleurs, il ne la feront surement pas aussi proprement que celle-ci cepen-

SCHÖPFLIN et après lui FOURNIER [53] ont pensé que les carac-

dant c'est là le premier livre qui soit connu par une date et où l'on trouve les noms des Artistes et de la ville."

L'attelier de FUST et SCHÖFFER fut dans la maison dite *zum Heimbrecht* ou *Heimerhof*, rue des cordonniers vis à vis le collège des Cordeliers et plus tard des Jesuites. Cette maison portait récemment encore le nom de *Drei Königshof* de celui d'une petite chapelle où, d'après une ancienne tradition, on reposa les crânes des trois mages qui furent portés dans une procession solemnelle de Milan à Cologne. La maison en arrière s'appellait *zum Heimbrecht* et appartenait à FUST. Le nom qu'elle a reçu plus tard *Druckhof*, *Druckhaus*, *cours d'imprimerie*, *maison d'imprimerie* prouve assez ce que je viens d'avancer. PIERRE SCHÖFFER l'a aggrandie en 1477 par la maison y tenante dite *zum Korbe*. Il parait que son commerce de livres etait déjà très étendu.

Les anciens typographes frequentaient les foires avec les livres qui sortaient de leurs presse comme au jourd'hui les libraires allemands et cette époque etait aussi celle des payemens. On peut avoir une preuve dans la lettre suivante adressée par PIERRE GERNSHEIM à JEAN GENSFLEISCH le juge:

Dem Ehrsamen, vorsichtigen Johann Gensfleisch Wrntlichen Richter zu Mäyntz, meinem lieben Gefatter.

willige Dinst zuvor lieb Gefatter, mich wirt fast noth an geen dissmal um Gelt myner Schuldigern zu geben, so biet ich euch gar frindliche, ir wollet euch darauf richten, das er mir sollen Bezahlung und Uffrechnung thun wollent in der nechst Frankf. Mess, oder ich werde grossen Schaden entphaen, habe doch lange Zit Gedolt und Pacientz gehabt, und Euch nicht gedrungen oder gemanet, aber mich wirt die Notturfft nu dringen, dass ich heischen muss es ist auch Zit, ich muss hinweg reysen, und kommen nauwe vor dieser Mess widder, damit viel gute Nacht. Datum Frankfurt in Vigilia Mariae Magdal. Anno 1485. *Peter Gernsheim, Buchdrucker.* V. A. A. *von Lersner der freyen Reichs-Wahl- und Handels-Stadt Frankfurt am Mayn Chronica.* fol. p. 438.

Le privilège accordé par LOUIS XI. à CONRAD HANNEQUIS et PIERRE SCHÖFFER le 21 Avril l'an 1475 de vendre leurs livres en france est aussi très intéressant. On le trouve dans WOLFII Monumenta typograph. Pars. 2. p. 389—393. et dans WÜRDTWEIN Bibliotheca moguntin. p. 111—114. Ce mandement daté de l'abbaye de la Victoire le 21 Mai 1475 a paru pour la premiere fois dans les *Memoires* de l'académie des Inscriptions et belles lettres Vol. XIV. p. 247.

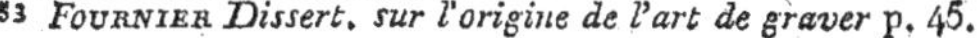

53 FOURNIER *Dissert. sur l'origine de l'art de graver* p. 45.

tères étaient artistement gravés en bois ou en bronze. J'affirme qu'ils ont été fondus; mais je ne puis justifier cette opinion que par mes propres observations. J'en appelle à tous ceux qui peuvent se procurer cet ouvrage; qu'ils remarquent cette similitude constante entre toutes les lettres d'une même espèce et cette régularité qu'il serait impossible d'obtenir sans des caractères fondus, aujourd'hui même que la gravure est porté à un si haut point. HEINECKE [54] est de mon avis.

On ne savait rien de positif sur la vie de GUTENBERG depuis 1455 jusqu'en 1465. La découverte faite par mon savant collegue, le C^en BODMANN, d'un acte passé entre GUTENBERG, ses frères, et sa soeur religieuse de Ste Claire en 1459 a tiré cette époque des ténèbres. Ce document nous montre clairement que GUTENBERG avait de nouveau établi une presse, qu'il imprimait alors, et qu'il était encore disposé à imprimer à l'avenir. Il s'engage, par cet acte, envers sa soeur religieuse de Ste Claire, de laisser à ce couvent tous les livres, qu'il avait déjà donné à la bibliothèque, et de lui donner même ceux qu'il pourrait imprimer par la suite. J'ai publié ce document il y a deux ans dans mes recherches typographiques [55] et le C^en OBERLIN en a inséré la traduction dans ses annales de la vie de GUTENBERG. Voici l'acte dans la langue originale avec cette traduction:

Wir Henne Genssfleisch von Sulgeloch, genennt Gudinberg, und wir ffriele Genssfleisch	Nous Henne (Jean). Gensz-fleisch de Sulgeloch nommé Gudinberg, et nous Friele Gensz-

[54] *HEINECKE* Idée générale page 266.

[55] Voy. *FISCHER's Beschreibung typographischer Seltenheiten* 1 Livraison à Nürnberg 1801 p. 42—45.

Gebrudere verjähen und bekennen offinlich an diesme brieue, und tun kunt allen luden, daz wir mit-rade und gudem Willen unserr lieben vedern Henne, und Friele und Pedirmanne Gēssfleisch gebruder zu Mentze virzigen hain und verziehen an diesme brieue vor uns, und alle unser erben luterlich gentzlichen und zumale ane alle geuerde und argliste uf alles daz gut, das von Hebele unserr suster in daz Closter zu sant Claren zu Mentze darein sie Nunne worden was komen ist, ez sye von Henne unsers vaders seligen wegen dar in komen der ez habe dieselb Hebele selb dar in geben, oder wie ez in daz selb Closter komen ist, ez sye korn, gereite Geld, Husrat, kleinöd, oder waz die ersamen geistlichen Frawen, die Aptissin und der Conuent desselben Clostern, gemeinlichen, oder sunderliche person, dar inne, oder die zum Closter gehornt, derselben Hebelen genoszen hant, ez sye we-

fleisch, frères affirmons et declarons publiquement par les présentes et savoir faisons à tous, que, du conseil et consentement de nos chers cousins Jean et Friele et Pedirmann Genszfleisch freres à Mayence, avons renoncé et renonçons par les présentes pour nous et nos hoirs simplement, totalement et à la fois, sans fraude ni ruse, à tout le bien qui a passé par notre soeur Hebele au couvent de Ste Claire de Mayence, dans lequel elle s'est faite religieuse, soit que ledit bien y soit parvenu, de la part de notre pere Henne Genszfleisch, qui l'a donné lui même, ou de quelle manière que le bien y soit parvenu, soit en grain, argent comptant, meubles, bijoux ou quoi que ce soit, que les respectables religieuses, l'Abbesse, et les soeurs dudit couvent ont reçu en commun ou en particulier, ou d'autres personnes du couvent (ont reçu) de ladite Hebele, peu ou beau-

nig oder vil; und han wir gelobt und geloben an diefsme Brieue, mit guden truwen vor vns, und alle unser erben, daz wir, noch eyman von unsern wegen, noch auch die vorgen. vnser vedern, noch ir di keiner, noch kein ir erbe, noch ey man anders von irn wegen, daz selb gud, wie ez geheizzen ist, weder zumale noch eyns teils, von demselben Closter, noch von der Abtissin, noch von dem Conuent gemeinlichen, noch von keinen sunderlichen personen, die in demselben Closter sint, nimmer geuordern noch geheischen soln noch wöllen, oder sie oder daz Closter, oder irn orden nummerme darumb ansprechen weder mit geistlichen noch mit werntlichen gerichte, noch ane gerichte, noch sie, oder daz Closter oder den Orden nummer dar vmb geleidigen soln noch wöllen, mit worten noch mit werken heimlich noch offentlichen in di keinerley wise. Vnd vmb die

coup, et avons promis et promettons par les présentes de bonne foi pour nous et nos hoirs, que ni nous ni personne de notre part, ni encore les susdits nos cousins, ni aucun de leurs héritiers, ni personne de leur part ne redemanderont ni réclameront dudit couvent, ni de l'Abbesse ni du couvent en commun ou des personnes qui s'y trouvent en particulier, le dit bien quel qu'il soit, ni à la fois ni par partie, et que nous ne le redemanderons jamais, soit par le juge ecclésiastique ou civil, soit sans le secours du juge et que ni nous ni nos hoirs ne molesterons jamais le dit couvent, soit par des paroles, soit de fait ni en secret ni en public d'aucune manière. E t, quant aux livres que moi, Henne susdit ai donnés à la Bibliothèque du couvent, ils doivent y rester toujours et à perpétuité, et je me propose moi Henne

die bucher, die ich Henne obgen. gegeben han zu der Liberey des vorgen. Closters, die szollen beliben bystendig vnd ewiclichen by derselben liberey, vnd sal vnd will ich Henne obgen. deme selben Closter in ire liberey auch furters geben vnd reichen die bucher, die sie vnd ire Nachkommen gebruchent zu geistlichen frommen werken vnd zu irme Godesdinst, es sy zum lesen zum singen, oder wie sie daz gebruchent nach den Regelen irs ordens, die ich Henne vorgen. han tun trucken, nu, oder furters trucken mag, *als ferre sie der gebruchens, ane geuerde; und hant darvmb die vorgen. Abtissin, ire Nachkommen vnd Conuent des vorgen. Closters zu Sant Claren geredt vnd versprochen, daz ich Henne obgen. vnd mine Erben sullen ledig vnd lois sin der anesprache, als Hebele obgen. min suster hatte vmb die seffzig Gulden, als ich*

ne susdit de donner aussi sans fraude à l'avenir au dit couvent pour sa Bibliothèque à l'usage des religieuses présentes et futures, pour leur religion et culte; soit pour la lecture ou le chant, ou de quelle manière elles voudront s'en servir d'après les régles de leur ordre, les livres que moi Henne susdit *ai déjà imprimés à cette heure ou que je pourrai imprimer* à l'avenir, en tant qu'elles voudront s'en servir; et pour ceci l'Abbesse susdite, les successeurs et religieuses du dit couvent de Ste Claire ont déclaré et promis me laisser quitte moi et mes hoirs de la prétention qu'avait ma soeur Hebele aux 60 florins, que moi et mon frere Friele susdits avions promis de payer et délivrer à la dite Hebele pour sa dot et sa part provenant de la maison que Henne notre pere lui a assignée pour

vnd min bruder ffriele obgen. derselben Hebeln hain gelobt ufszurichten vnd betzaln zu iren Gifft vnd Martzale als von des huses wegen, daz Henne vnser vader bescheiden hat zu irme teile, als die brieue besagent, die daruber gemacht sind, ane geuerde, vnd argeliste. Vnd daz diz eweclichen von vns vnsern erben veste, stede, vnd vnuerbrochlichen gehalten werde, darvmb so han wir denselben geistlichen Frawen, vnd irme Cloister vnd dem Orden gegeben diesen brieue besiegelt mit vnsern Ingesigeln. diz geschah vnd wart diser brif gegeben, do man zalt nach christus geburte viertzehen hundert Jar, darnach im nun vnd funfftzigsten Jare, an Sand margreden dag der heiligen Juncfrawen? —

sa part en vertu des lettres qui ont été dressées la-dessus, sans fraude ni ruse. Et pour que ceci soit tenu par nous et par nos hoirs fermement et en son entier, nous avons donné auxdites religieuses et à leur couvent et ordre les présentes lettres scellées de nos sceaux. Fait et donné l'an de la naissance de J. C. 1459 le jour de Ste Marguerite.

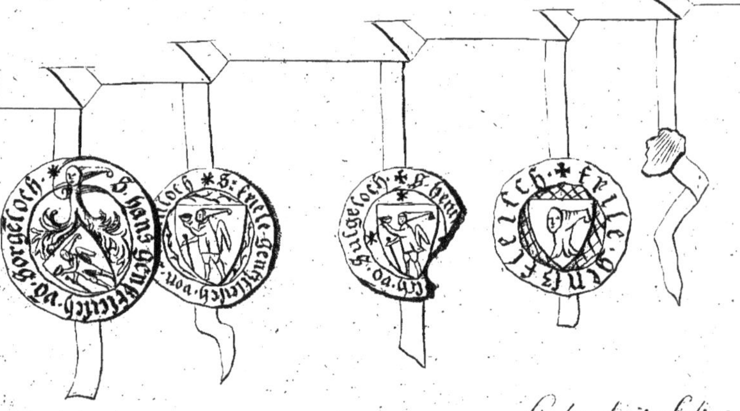

En 1465 l'Electeur de Mayence ADOLPHE II honora GUTENBERG de ses faveurs et le reçut au nombre des gentils hommes de sa maison, avec une pension honnête. Le brevèt de cette pension a été publié par JOANNIS. [56]

A cette époque il abandonna totalement la presse. [57] Il en permit cependant l'usage à ses aides qui publièrent le Vocabulaire dit *ex quo* en 1467, qui n'est qu'un extrait du Catholicon de 1460 et dont la seconde édition a paru en 1469. Il est vraisemblable qu'à sa mort arrivée avant le 24 Fevrier de l'an 1468, ils achetèrent ces utensiles du Docteur HUMERY qui ayant contribué aux frais du second atelier de GUTENBERG en hérita de droit.

L'électeur ADOLPHE lui imposa la condition de ne pas les vendre ailleurs qu'à Mayence ce qu'il promit, ainsi qu'on peut le voir dans son reçu que KÖHLER [58] a publié.

Quoique l'on voie employer ces mêmes caractères à Elfeld, cela n'est point en contradiction avec le sens du Document; Elfeld était la résidence d'ADOLPHE et jouissait conséquemment des mêmes droits que MAYENCE.

C'est là tout ce que nous savons sur l'invention de l'imprimerie et la vie de son inventeur. Le lecteur aura déjà remarqué qu'il y a quelques époques qu'on n'a pu fixer entièrement, par-

---

56 Voy. *SERRARIUS* et *JOANNIS rerum maguntin.* Tom. 3. p. 424. et *KÖHLER's Ehrenrettung Gutenberg's* p. 100. Lit. XX.

57 Quel bonheur pour l'humanité et les lettres que cet électeur ne l'ait pas décoré dix ou quinze ans auparavant de cette distinction frivole!

58 V. *KÖHLER's Ehrenrettung Gutenberg's* p. 101. Litt. Yy. *WÜRDTWEIN* l'a fait réimprimer dans sa *Bibliotheca moguntina* p. 96.

ceque les documens laissent entr'eux beaucoup de lacunes qui n'ont pu être remplies que par des conjectures. Cependant tout ce que j'y ai affirmé on peut le regarder comme vérité historique; parceque d'abord, j'ai été extrémement scrupuleux sur le choix des documens ou traditions et qu'enfin j'ai comparé les documens aux documens et aux monumens typographiques qui sont venus jusqu'à nous. C'etait là, je crois, le seul moyen de connaitre la vérité.

L'histoire de l'imprimerie, celle de son inventeur, celle même de Mayence ont perdu à deux époques différentes des monumens précieux. Ivo Wittig avait chargé un bâteau de la bibliothèque et des archives de la faculté juridique qu'il fesait transporter à Cologne, ce bâteau coula à fond pendant le trajêt.

Lors de la guerre de 30 ans, l'église de St Ignace renfermait plusieurs papiers qui fesaient partie des archives de la ville: à la paix qui suivit cette guerre, les prêtres reprirent possession de leur église et firent un *auto da fé* de ces papiers.....

Adam Gelth érigea à Gutenberg un Marbre très simple dans l'eglise des Recollets ; on y lisait:

In foelicem Artis Impressorie Inventorem.
D. O. M. S.
JOANNI GENSZFLEISCH
Artis Impressorie Repertori,
De omni Natione et Lingua optime merito,
In nominis sui Memoriam immortalem
Adam Gelthus posuit.
Ossa ejus in Ecclesia D. Francisci Moguntina foeliciter cubant.

Ce monument existait encore en 1499, [59] mais l'église ayant été rebâtie depuis, on ne sait ce qu'il est devenu.

Les Athéniens vouèrent une statue à PHILLATIUS inventeur de la reliure et transmirent avec reconnaissance son nom à la postérité; [60] quelques lettres que l'amitié grava sur le tombeau de GUTENBERG n'ont pas survécu à son siècle...

Mais je me trompe; un monument bien plus durable atteste le génie de GUTENBERG. Un monument éternel que la lime sourde du tems, que l'ingratitude et l'envie des hommes ne parviendront jamais à détruire. Le développement du génie dans tous les genres, que l'imprimerie a facilité; les lumières qu'elle a repandues et qu'elle va répandre encore chez le commun des hommes; l'esprit philosophique qu'elle propage; ces idées hardies et sublimes, l'espoir du juste, l'effroi du méchant qu'elle colporte rapidement d'un pôle à l'autre et que les tours, les remparts, les fleuves, les mers ne sauraient arrêter dans leur marche.

De célèbres astronomes LALANDE, VON ZACH, BODE sont convenus d'attacher le nom de GUTENBERG à la première planète qu'ils découvriraient dans les régions célestes. Ils acquitteront la dette de l'humanité.

---

59 V. *WIMPHELING Orat. in memoriam Marsilii ab Inghen* s. l. 1499 in 4.

60 Suivant le temoignage d'*Olympiodore*. V. *PHOTII* βιβλιοθηκη ed. *DAV. HOESCHELII*. Aug. Vindel. 1601. fol. p. 110; ὅτι ζητηματος εν ταις αθηναις ανακυψαντος περι των κεκολλημενων βιβλιων μαθειν, τοις επιζητουσι το μετρον του κολλου: φιλλατιος ὅτου ἱστορικου εταιρος, ευφυως περι γραμματικην εχων, τουτο απεδειξε. και ευδοκιμησας, τυγχανει παρα των πολιτων εικονος.

SECTION TROISIÈME.

Monumens typographiques de JEAN GUTENBERG.

UN homme de génie parait; il consacre les plus beaux momens de sa vie à la gloire ou au bonheur du genre humain. Souvent, maltraité de la fortune, obscurément confondu parmi ses concitoyens, il n'a que son génie à opposer aux obstacles que lui opportent les hommes et les evénemens. Souvent même il est heureux de n'être qu'ignoré de ses compatriotes.

Mais si ses conceptions sublimes attirent enfin les regards de la postérité, alors ou l'envie s'efforce de s'approprier le prix de ses efforts, ou bien, par un enthousiasme mal entendu, chacun veut avoir été son concitoyen.

NEWTON est peut-être le seul homme de génie que ses contemporains aient honoré et apprécié à sa juste valeur.

HOMÈRE vécut pauvre et ignoré. Dix ans après sa mort, sept des plus fameuses villes de la Grèce se disputèrent avec acharnement l'honneur de lui avoir donné naissance.

GUTENBERG fut traversé dans ses entreprises de la manière la plus décourageante: cependant il réussit, et, quelque tems après sa mort, plusieurs nations, plusieurs villes voulurent lui revendiquer l'invention de l'imprimerie.

Qu'on me pardonne de dire encore quelques mots sur la controverse que cette invention fit naitre. J'ai voulu, dans la section précédente, réunir tout ce qui avait particulièrement rapport à la vie de l'inventeur.

Que dire de certains écrivains qui l'attribuent aux anciens patriarches, à SATURNE même. [61]

FLORENCE, WÜRZBOURG ont aussi trouvé des écrivains complaisans qui leur ont gratuitement attribué cette decouverte. [62]

WALDSKIAERS [63] écrivain du 18 siècle ne balance pas à en gratifier NICOLAS JENSON ancien imprimeur dont il fait un danois. Il appuye probablement son opinion sur le témoignage d'OMNIBONUS LEONICENUS Correcteur de cet imprimeur et qui le nomme modestement, dans la préface de l'édition de Quintilien en 1471, „*Librariae artis mirabilis inventor.*" On a découvert depuis d'anciens manuscrits qui nous apprennent que CHARLES XII ou LOUIS XI. envoyèrent NICOLAS JENSON à Mayence, [64] „*pour s'informer secrètement de l'art et enlever subtilement l'invention*" DEBOZE pense que NICOLAS JENSON s'établit à Vénise parceque des allemands l'avaient devancé à Paris.

---

61 V. *POMPONIUS LAETUS Epist. ad August. Mapheum*, dit: „*Praeterea multos praecipitat inanis Gloriae spes et libros imprimendi facultas, multis saeculis intermissa, paulo ante revocata.*" *JEAN MATHIEU de Luna* n'a pas manqué d'enchérir sur cette idée; V. de *rerum inventoribus* cap. XII. „*Impressura Literarum,*" „dit il," „*in Germania post Christi adventum comperta fuit; nam ante fidem christianam, Saturnus Literas Italos imprimere docuit.*

62 Voy. *DOMINICO MANNI della prima promulgazione de libri in Firenze lezione istorica* in Fiorenza 1761 in 4. et en Extrait dans le *Journal des savans* de l'année 1762. Juin. p. 124 etc. — et *GIUSEPPE VERNAZZA Lezzione sopra la stampa.* in Cagliari 1778 in 4. attribue cette decouverte à Würzbourg.

63 V. *CHR. FR. WALDSKIAERS Gedanken von dem ersten Erfinder der Buchdruckerkunst* dans *GESSNER's Buchdruckerkunst und Schriftgieserey.* P. 3. p. 93—114.

64 V. *Memoires de l'Academie des Inscriptions et belles lettres* Tom. XIV. p. 236.

Une Stance sur Louis de Valbeke Musicien d'Anvers, trouvée dans une ancienne Chronique de 1312, suffit à Desroches [65] pour le proclamer inventeur de l'imprimerie. Je l'ai publiée dans mes *Typographische Seltenheiten* (pag. 27) Je crois qu'on ne sera pas faché de la retrouver ici avec la traduction:

In dieser tyt stierf menschelyc	En ce tems là mourut humainement
Die goede vedelare Lodewyc	Louis, le bon joueur de violon,
Die de beste was die voor dien	Le meilleur qui jusqu'alors
In de werelt ye was ghesien	Ait existé dans le monde
Van makene ende metter hant	Pour être habile de sa main.
Van Valbeke in Brabant	De Valbeck en Brabant
Alsoe was hy ghenant.	C'est de là qu'il prit son nom.
Hy was d'eerste die vant	Il fut le premier qui trouva
Van stampien die manieren	La manière de frapper
Die man noch hoert antieren	Qui est encore en usage.

La signification du mot *Stampien* a sans doute induit Desroches en erreur. Il prétend que ce mot vient du verbe *Stampare* qui est de la latinité du moyen âge d'où les italiens ont fait leur *Stampa* et les français *Estampe*. Il est bien plus probable que ce mot vient de l'allemand *Stampfen* qui signifie proprement

65 V. *Nouvelles recherches sur l'origine de l'imprimerie par* Jean des Roches lues à l'Academie des sciences de *Bruxelles* le 8 Janvier 1777, inserées dans le journal hollandais: *Hedendagsche Vaderlandsche Letter-Oefeningen, warin de Boeken en Schriften, die dagelyks in ons Vaderland en elders uitkomen, oordelkundig tevens en vrymoedig verhandelt worden.* P. X. No. 7. p. 298 — 308 et No. 8. p. 353 — 574. (Amsterdam 1778 8.) et traduites en allemand par *Breitkopf Geschichte der Buchdruckerkunst* p. 13.

prement *battre*, *frapper du pied.* Il s'agit d'un musicien; n'y a-t-il pas plus à croire que l'auteur de cette stance lui attribue l'honneur d'avoir le premier *battu la mesure avec le pied, comme cela est encore en usage?* L'imprimerie, d'après Desroches, aurait été usitée avant 1312 et les premières impressions ne paraissent qu'un siècle et demi après. [66]

Meermann, d'après Adrien Junius, s'est donné une peine infinie pour attribuer l'invention de l'imprimerie à Laurent Koster graveur en bois à Harlem. Il cite en faveur de ce dernier une feuille de Donate vrai monument xylographique. [67]

---

66 On peut, au surplus, consulter Breitkopf sur les differentes interprétations qu'on peut donner à cette stance. V. Breitkopf *Uiber die Geschichte der Erfindung der Buchdruckerkunst.* Leipzig 1779. p. 36.

67 Adrien Junius (dans son livre *Batavia*) nous donne gravement sur ce Laurent Koster un conte de vieille femme, que Meermann a travaillé de manière à faire un sujêt passable pour un roman moderne. Fournier (*de l'origine de l'imprimerie* page 25) en a démontré l'absurdité. Il est plaisant qu'Adrien Junius qui écrivait en 1575 soit le premier qui, par un patriotisme local, ait choisi ce Laurent Koster pour en faire l'inventeur de l'imprimerie. Charles van Mander qui a écrit vingt ans plus tard l'histoire des artistes hollandais (fol. 204. b. Edit. de 1604. in 4.) ne dit pas un mot de ce Laurent Koster et Jacques de Jongh qui a donné une nouvelle édition de cet ouvrage (Amsterdam 1764 in 8 p. 36) assure dans une note qu'il y avait encore de son tems beaucoup de gens éclairés en Hollande qui doutaient de l'existence de Laurent Koster. Au surplus qu'il ait existé ou non, son art n'était pas nouveau: car, avant lui, on connaissait déjà une gravure de St. *Christophe* avec l'enfant *Jesus*, qui est encore dans la bibliothèque des Chartreux à Buxheim. Elle porte cette inscription:

Christofori faciem, die quacunque tueris.
Illa nempe die, morte mala non morieris Millesimo. cccc° xx° tertio.

Il est inconcevable que des historiens tels que Wagenaar, van Oosten, de Bruin, Visser et autres aient adopté cette opinion. Les éditeurs d'un livre qui a paru sous le titre: *Byvoegsels en aanmerkingen voor de vaderlandsche Historie van Jan Wagenaar; door H. van Wyn, M. N. C. Lambrechtsen, Mr. Ant. Mar-*

Cependant la vérité se fit enfin jour à travers tous ces nuages. [68] Des écrivains recommandables transmirent à la postérité

TINI, E. M. ENGELBERTS en anderen. te Amterdam. 1790. 8. Joh. Allart. p. 97. ont même été plus loin. Ils ont prétendu qu'on connaissait les caractères mobiles en Hollande avant 1445. VISSER a découvert à l'abbaye de St. *Aubert* à Cambrai un vieux manuscrit intitulé: *Memoriaux de JEAN ROBERT* qui en était Abbé et il s'exprime ainsi: „*Dat men, met gegootene Letteren, voor den jaare* 1445 *in de Nederlanden gedrukt heeft, blykt my, na het bovenrustaande geschreven te hebben, mit zeker handchrift berustende in de Abdy van S. Aubert te Cambrai, en genaamd Memoriaux de JEAN ROBERT, welke JEAN ROBERT aldaar Abt was, en in het zelve werk, ten jare* 1445, *'t volgende heeft aangeteckent.* fol. 158. „Item pour un Doctrinal *getté en molle* (*gegooten*) envoi-t querir à Brug (Bruges) par marqt (Marquart). I escripuant de Valenc (Valenciènnes) au mois de Janvier XLV pour jacqt (Jacquet) xx s. t. sen heult sindrius (en eut Alexandre), pareil que l'eglise paya; item fol. 16. Item envoyet à ARRAS. 1 Doctrinal pour apprendre led. D. Gerard, qui fu acatez (achetez) a Valen. et estoit *jetté en molle*, et cousta XXIIII gr. Seme renvoya le dit *Doctrinal* le jour de Toussaints l'an 51 disant qu'il ne valoit rien, et estoit tout faux. Sen avoit acaté IX pat. en papier." — Que signifie en français *un doctrinal jetté en moule?* veut ce dire la même chose qu'imprimé avec des caractères fondus? On en vendait à Bruges, on en trouvait aussi à Valenciennes; l'imprimerie était-elle donc si répandue dans ces contrées? Et d'où vient que les premiers imprimeurs qui s'y établissent sont des allemands qui paraissent en 1470, comme DIETRICH MARTENS, JEAN DE WESTPHALIE, JEAN VELDENER? d'où vient aussi que le premier imprimeur hollandais qui paraisse à Harlem est JACQUES BELLAERT en 1484? —

68 Nous voyons de nos jours la même opiniatreté. On pensait autrefois que, comme les autres quadrupèdes, le PARESSEUX n'avait que sept vertèbres; CUVIER en découvre neuf, alors tous ceux qui possédaient le squelette de cet animal et qui ne se doutaient pas de cette exception, lui revendiquent cette découverte.

Je citerai un fait plus analogue à l'objêt de nos recherches.

BREITKOPF libraire à Leipzig imagine vers le mois de Mars 1754, de fondre des caractères de Musique: il ne réussit qu'après deux essais différens. Enfin ce caractère avait, en Fevrier 1755 un degré de perfection tel que BREITKOPF fit presenter, par Mr. GOTTSCHED, à la princesse royale et électorale de Saxe, une chanson de quatre lignes qui sortait de sa presse. Depuis 1755 jusqu'à 1761 il avait

le nom de GUTENBERG avec le tribut d'éloges qui lui etait du. Il y eut même dix médailles frappées en son honneur. Je les ai toutes comparées dans la superbe collection du C^en REUTER antiquaire aussi profond qu'empressé de communiquer ses connaissances. Il va nous donner une description de son cabinet dans un ouvrage qui paraitra sous le titre de *Pinacotheca Moguntina.* C'est d'après la médaille de DASSIER qu'a été copié le portrait en tête de cet ouvrage. [69]

Passons maintenant aux monumens typographiques qui font le sujêt de cette troisième section.

GUTENBERG n'a jamais signé ses ouvrages; nous ne pouvons donc les reconnaitre qu'à certains caractères, qu'à un certain ensemble qui leur est propre; à cet égard je dois observer que

---

imprimé 51 ouvrages. Les frères ENSCHEDE graveurs et fondeurs à Harlem écrivirent à FOURNIER le 11 Novembre 1757. (V. FOURNIER *Manuel typographique* à Paris 1764. 8. P. I. p. 52.) que la méthode de BREITKOPF leur paraissant laborieuse et couteuse, ils le priaient de leurs envoyer le résultat de ses expériences pour la fonte des mêmes caractères. Cependant ils imitèrent fidèlement ceux de BREITKOPF et firent annoncer dans les Journaux qu'ils venaient de graver un caractère de Musique et qu'on ne refuserait pas à Harlem l'honneur de cette invention. Ainsi voila BREITKOPF, les frères ENSCHEDE, BOZARD qui de Harlem s'établit à Bruxelles, GANDO et plus tard FOURNIER en litige pour l'invention des caractères de Musique. FOURNIER repondit à GANDO. V. *Reponse à un mémoire publié en 1766 par M. GANDO au sujet des caractères de fonte pour la musique.* Elle est jointe au second volume de son *Manuel typographique.*

69 Le portrait de GUTENBERG dans cette médaille est parfaitement ressemblant à celui déposé à la Bibliothèque de Strasbourg qui, suivant quelques auteurs, n'est qu'une copie faite du tems de SCHÖPFLIN. THEVET en a donné une gravure dans les vies et portraits des hommes illustres; (Paris 1584 in fol.) et FRIESE l'a mis en tête de son histoire de Strasbourg. On en trouve enfin une copie sur la feuille volante inscrite *les droits de l'homme* (*Rechte des Menschen*). Elle es t d la même grandeur que celle qui accompagne cet essai.

quelquesuns de ceux qui ont déjà fait des recherches sur la typographie ont été dans l'erreur sur les signes qui doivent servir de guides dans la recherche des premières impressions.

L'inégalité des lettres et des lignes, les lettres mal sculptées, les mots de travers et bizarrement composés, ne peuvent point servir seuls de caractères pour juger de l'ancienneté d'une impression, encore moins le filigrane du papier, qui n'est que ou l'indication du genre du papier ou la marque du fabricant et non de l'imprimeur.

On peut se convaincre soi-même et, c'est aussi l'aveu des plus fameux typographes, que les impressions de GUTENBERG et de SCHÖFFER ont déjà un dégré de perfection tel qu'on ne peut voir leurs ouvrages qu'avec admiration. Cependant qu'y a-t-il de plus difforme que les impressions d'ELIE LOUFFEN qui exista trente ans après? Son psautier 70 qui n'est pas signé, tiré de la poudre d'une bibliothèque pourrait certainement donner, à quelqu'amateur de sistème, matière à lui attribuer l'invention de l'imprimerie.

SCHÖFFLIN également trompé par ces differens caractères n'a point hésité à attribuer à GUTENBERG, pendant qu'il était encore à Strasbourg, les ouvrages suivans:

1. *Gesta Christi*, 11 feuillets.
2. *Henrici de Hassia expositio super dominicam orationem*, 15 feuillets.
3. *Soliloquium Hugonis*, 10 feuillets.

---

70 On trouve quelques lignes de son *MAMMETRECTUS* imitées dans *SCHELHORN diatribe praeliminaris ad QUIRINI libr. sing. de optimorum scriptorum editionibus.* p. 26. fig. II.

4. *Liber de miseria humane condicionis Lotharii Dyaconi, sanctorum Sergi et Bachi cardinalis qui postea inocentius tercius appellatus est. Anno Dni M. cccc XLVIII.*

„Ne peut-on pas conclurre,“ „dit il“ „dans sa dissertation sur l'origine de l'imprimerie,“ 71) „que toutes ces pieces forment une classe particulière, relative précisement à la ville de Strasbourg? Mayence ne saurait les reclamer, n'ayant connu l'imprimerie qu'en 1450, suivant son propre aveu, lorsque l'art commençait à approcher de la perfection; de sorte que GUTENBERG, à Strasbourg, ne s'est point renfermé dans la simple idée, comme on l'a cru jusqu'ici: l'idée y a été exécutée avec le succès qu'on pouvait espérer des premiers essais, tels que nous les voyons dans les livres que j'ai cités.“

Quelqu'égard que j'aie pour les connaissances de SCHÖPFLIN, j'ai cependant une opinion différente de la sienne. Son assertion que ces impressions sont les prémices de l'art ne repose que sur l'imperfection des caractères, sur l'inégalité des lignes, sur ce que ces monumens sont sans date et sans nom de l'imprimeur. Cette inégalité des lignes, cette difformité des caractères ne prouvent qu'un sculpteur ou un compositeur mal adroit comme je viens d'en donner un exemple chéz ELIE LOUFFEN et je pourrais en citer plusieurs autres.

D'ailleurs si le graveur ne portait pas ses caractères à une épaisseur égale et déterminée, qu'on appelle *force de corps*, il était impossible au compositeur de produire une seule ligne droite. C'est de cette *force de corps* que dépend l'ensemble

---

71) V. SCHÖPFLIN dans les *Mémoires de l'Academie, de Litterature et de belles lettres* Vol. 17. p. 770. et *Vindiciae typographicae* p. 39.

la page, sans elle il n'y a ni adhérence dans les lettres ni régularité dans les lignes.

Le livre des *Gesta Christi* avec la souscription *Expliciunt gesta christi*, à double colonne et des signatures a. b. I. II. III. est composé de 11 feuillets. Il y a 32 lignes sur la page. Le papier porte une tête de boeuf. L'inspection générale de cette impression n'annonce pas qu'elle soit aussi ancienne que le pense SCHÖPFLIN. Mais on y reconnait les mêmes caractères des *flores sancti Hieronymi* avec la préface de *Thomas Dorniberg de Memmingen* en 42 feuillets in folio, des *Meditations de Jean de Turrecremata* 16 feuillets in folio, *de quatuor virtutibus cardinalibus de Henri d'Arimine.* Le premier de ces ouvrages est sans date, le second est daté de 1472, et le troisième enfin porte le nom de la ville de Spire où il fut imprimé. [72]

Le troisième est imprimé avec les caractères d'ULRICH ZELL et par conséquent a vu le jour à Cologne.

Le quatrième est sorti de la presse d'EGGESTEIN qui a imprimé pour la première fois en 1470, [73] et on peut avec raison

72 La souscription de ce livre n'y laisse aucun doute: *arte impressoria Spire artificiose effigiatus feliciter explicit.* *Quirin* l'a fait graver; V. *Angeli Mariae Cardinal. QUIRINI de optimorum scriptorum editionibus* ed. *J. G. SCHELHORN.* Lindaug. 1761. 4. p. 28. fig. III.

73 La première date que l'on trouve dans les impressions d'EGGESTEIN imprimeur à Strasbourg est dans son *Decretum Gratiani* de 1471. Sa bible datée de 1468 ne porte qu'une date manuscrite. MENTEL imprima dans cette ville en même tems que lui. La souscription *manuscrite* qu'on a ajoutée à sa bible et que j'ai presentée au lecteur p. 38. n'est elle pas infiniment suspecte? Il semble que cette souscription fut faite dans un moment où l'on jugea à propos de faire de MENTEL l'inventeur de l'imprimerie: mais s'imaginant que ce serait une supercherie trop grossière en datant ce livre de 1456, l'auteur crut devoir avancer la date de dix ans et mit alors 1466.

présumer que la date de M. cccc xlviii est fausse, comme plusieurs typographes l'ont observé avant moi.

Il ne faut pas s'étonner si j'attribue à un imprimeur un ouvrage fait avec les mêmes caractères que les autres livres qui sont reconnus sortir de sa presse. Dans les premiers tems chaque imprimeur eut sa manière propre de figurer et de fondre ses caractères.

L'aspect général d'une impression qui resulte de la manière de son auteur, est le caractère le plus constant et le plus sur, pour juger d'un monument typographique, pour connaitre l'imprimeur à qui il appartient et fixer avec quelque vraisemblance l'année de son apparition.

Dans ces tems où l'art n'eut pas de principes fixes tout fut livré à l'arbitraire du fondeur et de l'imprimeur. Chacun d'eux eut donc sa manière différente et quiconque veut connaitre avec quelque certitude les anciennes impressions doit être aussi familier avec ces différentes manières que les connaisseurs de la peinture avec celles des peintres et des graveurs.

Je nomme ici manière le resultat de tous les signes caractéristiques tant de la fonte que de l'impression qui seuls peuvent asseoir notre jugement sur leur auteur. Il est vrai qu'il est facile de distinguer les ouvrages de Pierre Schöffer, d'Antoine Koburger, d'Ulrich Zell, de Jean Guldenschaf, d'Arnold ter Hoernen et d'autres, mais sans avoir recours à cette analyse, à cet aspect général, on se trompera toujours sur les impressions de Conrad Hist, de Hewmann, de Friedberg, de Pierre Braem, de Wensler, de Sensenschmidt, de Pierre de Olpe et autres.

Meermann, Würdtwein, Zapf et après eux Oberlin ont attribué aussi à Gutenberg les *Statuta provincialia Moguntina antiqua et nova.* Mais le noir de l'impression, la force du papier et la forme des caractères sont de tems bien plus récents; la manière enfin n'est ni celle de GUTENBERG ni celle des imprimeurs qui ont paru immédiatement après lui. Je penserais qu'il fut imprimé vers l'an 1480. L'imprimeur indique à l'enluminateur en très petits caractères la lettre initiale. Cette méthode n'a été en usage qu'en Italie. Je ne connais pas d'impression allemande où on l'ait employée. 74

Les premières éditions une fois répandues, plusieurs artistes entreprirent de se livrer aussi à ce genre d'industrie. Ils en avaient sous les yeux les résultats, mais les procédés leur étant encore inconnus, ils furent obligés de les découvrir eux-mêmes. De là nait la diversité des caractères et de la manière des premiers imprimeurs jusqu'en 1490 que l'art fut plus connu et qu'il

---

74 Je ne balance pas d'après ces mêmes observations à retracter l'assertion que j'ai donnée dans mes *Typographischen Seltenheiten* (1 Livraison No. 3.) que le fragment de Donat que j'ai fait graver appartenait à GUTENBERG. La manière est tout à fait differente de la sienne et approche de celle que MEERMANN attribue à LAURENT KOSTER. Il en est de même de deux autres fragmens que je possède et dont l'un est un don du Cen OBERLIN. Je crois que cette impression est peu connue et mérite une description particulière. *Fragmentum Doctrinalis Alexandri Galli deux feuillets sur parchemin* in 4. Caractère à gros corps, mobile, les lignes, au nombre de 32 sur chaque page, sont bien arrangées. Le noir est épais et à l'huile. Le genre d'impression ressemble à celui de la page d'un livre intitulé *speculum latinum primae editionis* que MEERMANN a fait graver. (Monument. typograph. Tab. V.) — J'ai une autre feuille sur parchemin qui est du même livre que MEERMANN annonce comme la troisième édition du Donat de Harlem. Mais comment justifier que c'est LAURENT KOSTER qui l'ait imprimé? En examinant ces deux feuilles avec attention on reconnait qu'elles sont sorties de la presse de RICHARD PAFFRAET de Cologne imprimeur à Daventer.

qu'il s'établit des fondeurs qui fournirent plusieurs imprimeries. 75

---

75 Bernard Cennini à Florence met pour souscription à la vie de Ste Catherine: „Florentiae VII idus Novembris MCCCCLXXI Bernardus Penninus Aurifex omnium judicio praestantissimus, et Dominicus eiusdem F. egregiae indolis adolescens, *expressis ante calibe characteribus et deinde fusis literis* volumen hoc primum impresserunt. Petrus Penninus Bernardi ejusdem filius quanta potuit cura et diligentia emendavit: ut cernis: *Florentinis ingeniis nil ardui est.*"

Albert Pfister fut l'imitateur de Gutenberg et ce passage de Paul de Prague: „Libripagus est artifex sculpens subtiliter in laminibus aureis, ferreis ac ligneis solidi ligni atque aliis imagines, scripturam et omne quodlibet, vt prius imprimet papyro aut parieti aut asseri mundo: scindit omne, quod cupit et est homo faciens talia cum picturis et tempore mei *Bambergae quidam sculpsit integram Bibliam super lamellas* et in quatuor septimanis totam Bibliam in pergameno subtili praesignavit sculpturam (sculptura), tiré d'un ancien manuscrit de 1459 (V. *Polnische Bibliotheck Warschau* 1788. Cahier 9 et *Allgemeine Litteraturzeitung* 1791. No. 258. p. 636.) ne signifie autre chose, quoiqu'en dise Sprenger, (Voy. *Placidus Sprenger's Aelteste Buchdruckergeschichte von Bamberg.* Nürnberg 1800 4. p. 10.) que Pfister était graveur en bois. Il imprima plus tard avec des caractères fondus.

1.

Donatus de octo partibus orationis.

Edition en tables fixes de bois in 4.

Grandeur des caractères. Les lettres longues: 7 Millimètres (4 lignes); les courtes: 5 1/2 Millimètres, (3 1/4 lignes) l'épaisseur est d'un Millimètre ou d'une demie ligne.

UN certain FAUST d'Aschaffenbourg cite, dans un manuscrit dont KÖHLER [76] a fait des extraits, un Alphabet gravé sur une planche, a l'usage des écoles, comme un des premiers ouvrages de GUTENBERG à Mayence. J'ignore si cette feuille a réellement existé, mais il ne parait pas qu'elle ait été connue de ceux qui ont fait des recherches sur l'imprimerie, car ils n'en ont parlé que d'après FAUST.

On conserve à la bibliothèque nationale à Paris deux planches de bois fort anciennes fesant deux pages in 4. du Donat. La première haute de 15 Centimètres 3 Millim. (5 pouces 7 lignes) et large 10 Centimètres 6 Millim. (3 pouces 11 lignes) contient vingt lignes. L'autre n'en a que seize. La hauteur de sa colonne est de 12 Centimètres 3 Millimètres (4 pouces 4 lignes) et sa largeur 10 Centimètres 4 Millimètres (3 pouces 5 lignes).

---

[76] *KÖHLER's Ehrenrettung Gutenberg's* Litt. Kk p. 88. *SALMUTH*, *AUTHAEUS*, *HAGENBRUCH* et *MARCHAND* la citent aussi.

Les lignes sont à peu près également espacées dans les deux tables. Les caractères se rapportent assez les uns aux autres pour la grandeur, la grosseur et la forme. Seulement les i sont marqués dans la première ou avec un demi cercle ou avec un accent grave bien prononcé; dans la seconde ils ont un trait, qui pourrait passer pour un point. L'aspect de l'ensemble presente quelques differences, les abbreviations sont plus rares dans la seconde feuille que dans la première. Celle-ci marquée en bas par un c est beaucoup plus vermoulue que l'autre.

Ces observations et l'opinion du C^en^ VANPRAET qui m'a donné deux épreuves de ces planches m'avaient déterminé à avancer dans la troisième livraison de mes *typographischen Seltenheiten* p. 88 que ces deux feuilles appartenaient à deux éditions différentes. J'avoue franchement qu'en réfléchissant davantage, les caractères de différences qui s'y trouvent ne me paraissent pas suffisans pour fonder mes doutes et je ne saurais assigner si ces deux planches appartiennent à deux éditions ou bien si l'une n'est pas un fragment d'une page de la même édition que l'autre.

FAUCAULT, sécrétaire d'état, jaloux de posséder ces deux monumens en fit l'acquisition en Allemagne. Après sa mort ils passèrent à Mr. le président de MAISONS; de là à Mr. DU FAY fils de celui qui possédait la belle bibliothèque dont on a donné un catalogue imprimé. MORAND en devint ensuite possesseur. Ils firent enfin partie de la belle collection du DUC DE LA VALIÈRE. DE BURE en fit tirer des épreuves et les joignit au catalogue des livres de cette bibliothèque. 77 HEINECKE 78 en a fait graver les cinq premières lignes et MURR 79 a fait réimprimer le contenu avec des caractères allemands.

2.

Donatus de octo partibus orationis.

Première édition avec des caractères mobiles sur velin in 4.

Grandeur des caractères. Les lettres longues sont de 6 Millimètre (2 3/4 lignes); les courtes, de 5 Millimètre (2 1/4 lignes). Elles ont tantôt plus tantôt moins qu'un Millimètre de largeur.

Si l'assertion que GUTENBERG a d'abord imprimé avec des caractères mobiles de bois peut être justifiée par un monument typographique, celui-ci vient sans doute à l'appui de cette opinion. Les caractères étaient mobiles parceque l'on trouve des lettres renversées tel que l'i dans le mot *discerni*. La page complette est composée de 27 lignes. La colonne a 0, 218 Mètre (8 pouces) de hauteur et 0, 157 (5 pouces 5 lignes) de largeur. Mon collègue, le C^en^ BODMANN, trouva ce monument et eut la bonté de me le communiquer. Il consiste en deux feuilles dont l'une contient une partie de conjugaison des verbes *doceo*, *doceor* et *lego*, et l'autre la partie qui traite de l'adverbe.

---

77 *Catalogue des livres de la bibliothèque de feu Mr. le Duc de la* VALLIÈRE. Tom. 2. p. 8. n. 2179.

78 V. HEINECKE *Idée générale* p. 257. No. 2 des planches.

79 V. CHRISTOPH GOTTLIEB *von* MURR *Journal zur Kunstgeschichte und zur allgemeinen Litteratur*. (Nürnberg depuis 1775) Tom. 14. (1787) p. 102.

I.

Lego legis legit ꝑl'r legimꝰ legitis legũt p̃tito in
pfc̃o legebã legebas legebat ꝑl'r legebamꝰ legeba
tis legebãt p̃tito pfc̃o legi legisti legit ꝑl'r legimꝰ legis
tis legerũt vl legere p̃tito plsq̃pfc̃o legerã legeras lege

discerni. A C D E F G I N O P P Q S T V.

II. III.

Interiectio quid est. pars oracõnis significãs mẽtis affectũ voce incognita. Interiectioni quot accidunt. unũ. quid. significacio tantum. Significacio interiectionũ in quo est. quia aut leticiã mentis significamus. ut euax. aut dolorem ut heu. aut amiracõnem ut pape. aut metũ ut tat tat tat. aut si qua sunt similia.

aduerbiorũ.

A A B C D E F G H I I M N O P Q R S
T V V.

Gravé par Agnes Schalck née Loetigen à Mayence

J'ai décrit cette édition dans mes *typographischen Seltenheiten* (1 Livraison pag. *55.* n. 2); examinons en actuellement les caractères et l'encre de l'imprimeur. Il n'y a pas un seul caractère qui soit égal à l'autre. Les a sont tantôt fermés tantôt ouverts, et ces ouvertures sont toujours plus ou moins grandes. Les b diffèrent de longueur et d'épaisseur. La première ligne d'une de ces feuilles contient sept fois la lettre c et aucune de ces lettres ne se ressemble. Les lettres b, d, g, p, q, o, u, m, n, ont une conformité, en ce que les premiers traits ont plus de force que les seconds. Les lettres e et i varient aussi. La lettre e tantôt grosse tantôt mince tantôt très régulière perd quelquefois toute son ouverture par le noir qui en remplit l'oeil. L'i a ou un demi cercle, ou un point rond de grandeur arbitraire, quelquefois même un signe carré.

Au surplus j'en ai fait graver une épreuve qui satisfera plus l'oeil du lecteur que la description la plus exacte.

Le noir porte encore dans ces feuilles un signe d'une haute antiquité. Il n'est pas huilé et ne resiste point à l'eau. Il suit de là que l'impression n'a pu rendre ces caractères qu'imparfaitement et que la plume a été obligée d'y suppléer.

Ce monument typographique paraitra, je crois, à tous ceux qui ont approfondi cette aride matière, appartenir à Gutenberg. Il ne faut pas un grand examen pour découvrir qu'Albert Pfister de Bamberg modela plus tard ses caractères d'après ceux de cette édition.

Cependant comme je ne puis en comparer que deux feuilles, je ne donnerai pas mon opinion comme certitude. La manière dont elles me sont tombées entre les mains, les inscriptions qu'elles contiennent justifieront peut-être mes doutes.

Ces deux feuilles en parchemin couvraient un livre de Comptes de 1451. Sur l'une etait cette inscription manuscrite avec des caractères très anciens: *Heydersheim* (actuellement *Haddersheim*, Village près Mayence) 1451. Sur l'autre il y avait: *vffgerichter Vertrag wegen der aigen guetter zu Heyderszheym* 1492. C'est à dire: *Contrat passé pour nos biens à Heydersheim* 1492. Elles etaient ensevélies dans les archives de Mayence. Quel interêt aurait-on eu d'en falsifier les dates? si on en a couvert un cahier écrit de 1451 à 1492, le livre dont elles font partie existait avant 1451. Tout indique qu'il a été imprimé avec des caractères mobiles de bois. La bible qui occupait GUTENBERG de 1450 à 1455 le fut avec des caractères fondus et, comme on peut le présumer, vit le jour plus tard. Ce livre (*le Donat*) serait donc l'un des premiers sortis de la presse de GUTENBERG.

---

3. et 4.

Deux éditions différentes de Donat, petit in folio, imprimées sur velin.

Première et seconde édition imprimées avec des caractères mobiles fondus.

Grandeur des lettres. Les longues 6 Millimètres (3 1/2 lignes); les courtes 4 Millimètres (2 lignes); epaisseur 2/3 de Millimètre.

Encore deux Donat mais ceux-là ne seront pas contestés à GUTENBERG. L'une de ces éditions est d'une grande importance dans l'histoire de l'imprimerie, elle nous servira à fixer notre jugement sur un livre qui, jusqu'à nos jours, a été l'objêt de bien des controverses; savoir: la bible latine de GUTENBERG. La première édition de ce Donat a 33 lignes à la page, la colonne a 0, 223 Millim. (8 pouces 3 lignes) de hauteur et 0, 136 Millim. (5 pouces) de largeur. Les lettres initiales sont faites à la main. Les caractères etaient certainement mobiles puisqu'on en trouve de renversés tel que l'j. dans cette phrase: *Significatio aduerbiorum, quid est?* Voyez la planche. La seconde édition faite avec les mêmes caractères ne contient point de différence dans le texte. La page porte 35 lignes, la colonne a 0, 238 Millim. (8 p. 9 l.) de hauteur et 0, 146 Millim. (5 p. 4 l.) de largeur. Ce qui la distingue principalement de l'autre est que les lettres initiales sont toutes faites à la main dans la première, dans la seconde au contraire quelques unes seulement sont faites à la main, mais celles qui commencent un chapitre, une section sont imprimées précisément avec les mêmes estampilles du pseautier de FUST et SCHÖFFER de 1457 et 1459. Or on a vu que par suite du procés qu'eût GUTENBERG avec FUST et SCHÖFFER en 1455 toute l'imprimerie passa à ces derniers. Les estampilles dont ils se servirent depuis dans leur pseautier venaient donc de GUTENBERG qui les avait précédemment employées à l'ouvrage que je décris. La bible dont je vais parler plus bas imprimée avec les mêmes caractères que ces deux Donats, porte la date de 1456 écrite de la main de l'enlumineur. Il est constant que FUST et SCHÖFFER qui ont signé presque tous leurs ouvrages, n'ont conservé que les initiales et n'ont plus employé les caractères dont ils se servaient pendant l'association; ainsi on voit les mêmes caractères dans les deux éditions de Donat et la bible de 1456 que l'on ne peut pas contester à GUTENBERG puisque le procès prouve qu'elle fut le motif ou, si l'on veut, le prétexte de la séparation entre Gutenberg, Fust et Schöffer. Ces trois ouvrages appartiennent donc au même imprimeur.

Quoique le procès occasioné par la bible ait eu lieu en 1455 et que la bible elle même soit datée de 1456, il n'y a pas d'anachronisme: l'enlumineur lui donna pour date l'époque à laquelle il y eut mis la dernière main.

Les deux feuilles de Donat sont d'un prix inestimable par le jour qu'elles jettent sur l'histoire de l'imprimerie et principalement sur celle de la bible latine de Gutenberg. Elles servaient de couverture à un livre du 15eme Siècle. Ces éditions n'etaient connues d'aucun de nos typographes. Il ne faut pas confondre le Donat décrit par Heinecke (*Neue Nachrichten von Künstlern und Kunstsachen etc. Dresden und Leipzig* 1786. p. 222.) avec l'une d'elles. Je ne connais point les raisons qui ont déterminé Mr. Zapf à l'attribuer à Fust. (*Zapf Buchdruckergeschichte von Mainz* p. 144. n. 107.) On voit bien par les passages concordans qu'une édition a été copiée d'après l'autre.

Passages concordans des quatre éditions de Donat décrites.

L'edition de Donate en tables de bois	L'edition troisième de Donat à caractères fondus de 35 lignes sur la page,
Prepositio quid est? Pars orationis que ppositā aliis partibus oratōis signification ear: aut complet. aut mutat aut minuit. Pre-	Preposicio quid ē. pars oracōis que ppositā aliis partib; in oracoe. significatione ear: aut ₒplet aut mutat aut minuit. Pre-

Prepositioi quot accidut? Unuꝫ. Quid? Casus tm. Quot casus Quo: Qui? Actus ⁊ abltus. Da ppositiones acti casus: vt ad. apud. ante. aduersum. cis. citra. circu. circa. cotra. erga. extra. inter. intra. infra. iuxta ob pone per. ppe. ppter. scd'm. post. trans. vltra. preter. supra circiter. usqꝫ. secus. penes. Quo dicimus eni? Ad patrem apud villa. ante edes. aduersum inimicos. cis renu citra foru. circu vicinos circa templu. contra hostes. erga ppinquos. extra terminos. inter naues. intra menia. infra tectu. iuxta macellum ob auguriu. pone tribunal. p parietem ppe fenestra. pptr disciplina. scd'm fo=

C

Edition première de Donat à caractères mobiles de bois

la 1 ligne commence:

a Duerbiu quid est ps orois que adiecta vbo Significacione ei9 explanat atqꝫ implet Aduerbio quot accidut tria que

Perposicioni quot accidut. unu quid. casus tantu. Quot casus duo. q. accs ⁊ ablatiuus. Da pposicones casus acci. ut ad apud ante aduersu cis citra circu circa ↄtra erga extra inter intra infra iuxta ob pone p ppe ppter scd'm post trans vltra preter supra circiter usqꝫ secus penes. Quo. dicimus eni. ad patrem apd' villa ante edes aduersu inimicos cis renu citra foru circu vicinos circa templu ↄtra hostes erga pprinquos extra terminos inter naues intra menia infra tectu iuxta macellu ob auguriu pone tribunal p pariete ppe fenestra pptr disciplina scd'm fores —

Edition seconde de Donat à caractères mobiles fondus de 33 lignes sur la page

la 7 ligne commence:

a Duerbiu quid est. pars oraconis que adjecta vbo significacone eius explanat atqꝫ implet. Aduerbio quot accidunt. tria.

que Sīgficaco ɔpacio ⁊ figura
Sīgficaco aduerbior. in quo est
Quia fūt adūbia Aut loci aut
tpis a numei a. negand a
affirmadi a demonstrandi
a optadi a hortadi a or-
dinis a introgadi a simiii-
tudinis a qualitatis a
quntatis a dubitadi a
psonalia a vocadi a res-
podendi a separadi a iu-
randi a eligedi a ɔgre-
gadi a phibedi aut euent?
a ɔpandi Da adubia loci
vt hic vl' ibi illud inde
intro vl' foras Da tpis
etc.

significaco coparatio et figura.
Significatio aduerbioru in q est.
quia sunt aduerbia aut loci aut
tpis aut numei. aut negandi aut
affirmandi. aut demonstrandi
aut optadi. aut hortandi. aut ordinis. aut interrogandi. aut si-
militudinis. aut qualitatis. aut
quantitatis. aut dubitandi. aut
personalia. aut vocandi aut re-
spondendi. aut separandi. aut iu-
randi. aut eligedi. aut congre-
gandi. aut phibendi. aut euen-
tus. aut comparandi. Da aduerbia loci. vt hic vel ibi illic inde
intro vel foras. Da temporis.
etc.

Encore un mot sur ces beaux caractères initiaux qui aujourd'hui même flattent si agréablement l'oeil du lecteur. Ces caractères sont bien l'ouvrage de Gutenberg, car nous les trouvons employés dans les monumens typographiques qui précèdent 1457. Dans les fragmens de l'édition de *Donat à 35 lignes* il y a un I un P et un C que j'ai fait imiter sur la planche ci-jointe. A l'inspection du C on reconnait qu'on s'est servi de deux formes, l'une pour imprimer la lettre et l'autre pour les décorations; ces dernières sont rouges quand les lettres sont bleues et bleues quand les lettres sont rouges.

Characteres initiales auspiciis Ioannis Gutenberg sculpti

Gravé par [illegible]

Il ne peut pas y avoir de doute sur l'identité de ces lettres initiales et de celles du psautier. L'I et P des Donat se trouvent sept fois dans le Pseautier.[80]

Le C s'y trouve de même vingt-quatre fois.[81] On verra dans l'un de ceux que jai fait graver, que la planche de la lettre ne s'est pas toujours exactement rapportée à celle de la décoration ce qui a causé un léger déplacement. On voit cette incorrection dans le Psautier (au feuillet 110 de l'édition de 1459 que j'ai sous les yeux) et dans le Donat. J'y ai ajouté un O et un e. Ne dirait-on pas que ces lettres ont servi de modèle à Didot?

5.

Bible latine sans date deux volumes in fol.

Mêmes caractères que dans les deux Donat précédents N. 3. et 4.

Cette bible est imprimée à double colonne; la page complète porte 42 lignes cependant les dix ou onze premières pages n'en ont que 40 ou 41, quelquefois même, lorsqu'un chapitre finit bien avant dans la colonne, le reste de cette colonne est abandonné: c'est ce qui fait, par exemple, que celle qui finit avec le second livre d'Esdras n'a que 39 lignes.

La hauteur de la colonne pleine est 0, 289 Millimètre (10 pouces 8 lignes); la largeur d'une seule colonne est de 0, 087

---

80 L'I aux feuillets: 17, 90 verso, 107, 119, 129 verso, 131 verso, 136; le P: 76 84, 88, 110, 113, 127, et à la dernière page: *Praesens psalmorum codex* etc.

81 Aux feuillets: 2, 4, 9 verso, 10 verso, 49, 65, 66, 71, 72, 74, 78, 80 et 87 verso, 94, 95, 100, 102 recto et verso, 104, 110, 112, 123, 134 et 135 verso.

(3 p. 3 l.) et la largeur des deux colonnes avec l'espace qui les sépare: 0, 200 (7 p. 4. l.)

J'ai fait imiter quelques lignes de cette Bible sur une des planches qui accompagne cet essai, on en trouve aussi un autre extrait dans la troisième livraison de mes *Typographischen Seltenheiten* que j'ai mis en parallèle avec un passage du Donat. Il existe encore plusieurs exemplaires de cette bible. Je ne parle ici que des deux qui se trouvent à la Bibliothèque nationale à Paris et que j'ai pu comparer moi-même.

L'exemplaire de cette Bible sans date, sur velin, était originairement séparé en deux volumes reliés en planches lorsque la Bibliothèque nationale en fit l'acquisition en 1788. Il a été depuis divisé en quatre volumes dont les deux premiers renferment ensemble 323 feuillets, savoir le premier 128 et le second, qui commence par les ROIS, 195.

Les tomes 3 et 4 ont 317 feuillets savoir le troisième qui commence par les PROVERBES 161, et le quatrième qui reprend aux MACHABÉES, 156. Cet exemplaire est très beau.

L'autre exemplaire sur papier est très incomplet, puisque le tome premier qui finit par les PSEAUMES n'a plus que 237 feuillets et le second 251.

Il a été acquis en 1792. Les souscriptions manuscrites qui se trouvent à la fin de chaque volume rendent ce fragment bien précieux. Je les ai copiées sur l'exemplaire même. Voici celle du tome premier: „*Et sic est finis prime partis biblie Scz. veteris testamenti. Illuminata seu rubricata et ligata p. Henricum Albch alias Cremer. Anno dm. M° cccc° lvi, festo Bartholomei apli. — Deo gratias. — Alleluja.*“ Et à la fin du tome second on lit: *Iste liber illuminatus, ligatus* 2 *completus est p. Henricum Cremer vicarii ecclesie collegiatę sancti Stephani maguntini sub anno dni Millesimo quatringentesimo quinquagesimo sexto, festo Assumptionis gloriose virginis Marie. Deo gracias. Alleluja* etc. — — " Ces souscriptions y furent posées par l'enlumineur à Mayence. J'ai démontré plus haut que cet ouvrage sortit de la presse de GUTENBERG.

Cette bible a donné lieu à beaucoup de contestations et lorsqu'on commença à faire des recherches sur la typographie, tous les bibliomanes qui possédaient une bible sans date voulurent la donner pour la première. Celle qu'on a le plus mise sur les rangs est la bible à caractères de missel plus gros en 870 feuillets qu'on peut partager en quatre volumes; chaque page a deux colonnes de 36 lignes. SCHELHORN en a donné la description et une épreuve. [82] MEERMANN la croyait sortie de la presse d'ULRICH ZELL à Cologne et ZAPF n'hésitait point de l'attribuer à GUTENBERG. Mais une comparaison exacte fait bientôt reconnaître que son vrai auteur est ALBERT PFISTER de Bamberg. Le C^en^ CAMUS [83], dans sa notice du recueil des quatre histoires imprimées en allemand par ALBERT PFISTER, en 1462, prouve que cette bible est du même PFISTER.

---

82 V. *J. G. SCHELLHORN de antiquissima latinor. bibliorum editione ceu primo artis typographicae foetu et rariorum librorum phoenice.* Ulmae 1760. 36 pages in 4. et la figure VI qui accompagne la huitième observation qui sous le titre: *Spicilegium de antiquissima et omnium prima latinorum bibliorum editione* se trouve inserée dans son edition de *QUIRINI liber singularis de optimorum editionibus.* Lindaugiae 1761. 4. p. 61 — 72.

La même bible fut décrite par ZAPF et présentée pour la première de GUTENBERG. V. *G. W. ZAPF Aelteste Buchdruckergeschichte von Mainz.* Ulm 1790. p. 123 — 127.

83 V. *Notice d'un livre imprimé à Bamberg en 1462 lue a l'institut national par CAMUS* à Paris chez Baudouin an VII 29 pages in 4. avec figures.

PLACIDUS SPRENGER [84] Bibliothécaire à Banz la lui attribue aussi.

Plusieurs typographes MEERMANN, [85] DEBURE, [86] MAUGÉRARD, [87] SCHWARZ, [88] HEINSE, [89] OBERLIN [90] ont avancé que la bible latine à 42 lignes, dans la colonne, que je viens de décrire est celle de GUTENBERG, sans cependant donner des preuves suffisantes. Le caractère en est fondu. Si quelques uns on prétendu qu'il ressemble à celui du Psautier, il faut l'entendre quant à la forme, mais non pas quant à la force de corps.

BREITKOPF, qui avait passé une partie de sa vie à la recherche des anciennes éditions, promettait depuis longtems le résultat de son travail. Tous ceux qui ont couru cette carrière l'attendaient comme le seul ouvrage où l'on pût trouver le fil de ce dédale obscur; mais la mort le surprit avant qu'il eut publié cet ouvrage. Impatient de connaitre si j'avais approché de la vérité, j'envoyai à Mr. ROCH éditeur de la gazette littéraire générale de Leipzig et possesseur des papiers de BREITKOPF, mes observations sur cette bible. Ce savant eut la complaisance

---

84 *PLACIDUS SPRENGER Aelteste Buchdruckergeschichte von Bamberg.* Nürnberg 1800 in 4. p. 25.

85 MEERMANN Conspectus p. 46 et *Index tertius ad Origines* Tom. 2. p. 284. n. 2.

86 *Bibliographie instructive. Théologie* n. 25.

87 Dans les lettres à ses amis.

88 *SCHWARZ primaria quaedum documenta de origine typograph.* P. 2. p. 4.

89 Dans une note manuscrite dans le catalogue de la Bibliothèque de l'Electeur de Mayence de 1788.

90 Dans ses *annales de la vie* de GUTENBERG. *EMILIEN USSERMANN* me parait avoir décrit la même bible dans *ZAPF Reisen in einige Klöster Schwabens.* Erlangen 1786. 4. p. 68—73.

Ectypon bibliorum
Ioannis Gutenberg

Et de pueris meis ɔstitui sup portas:
ut null⁹ inferret onus die sabbati. Et
mãserūt negociatores ⁊ vēdētes univ-
sa venalia foris ihrl'm semel ⁊ bis: et

Novum Characterum Genus I. Gutenberg
in Speculo sacerdotum et opuscula
de celebratione missarum nuper
detectum.

De dominica infra octauam a-
scensionis domini.
Dominica pxima post diē ascensiōis dñi
officiū dñicale Exaudi. ptotu cū suffragijs
duobꝫ Alla. Seqñtia. et pfacōe de festo ascen
sionis necnō Glia in excelsis Credo et item mis-
sa dñicaliter dicetur.

A A B C D D E F G H J L M R O P P Q R S S S T T W S.

Gravé par Agnes Schalck née Cöntgen à Mayence

de les insérer dans son journal [91] et de me répondre très obligeamment: „que mes découvertes avaient été au delà de celles de BREITKOPF et qu'il ne pensait pas que ce manuscrit pût être désormais de quelqu'interêt.“

Le C[en] Millin a inséré, dans son magasin encyclopédique, [92] une notice de la vraie bible de GUTENBERG démontrée par une comparaison exacte de ses caractères avec ceux qui se trouvent dans les deux éditions de DONAT.

6.

Herrmanni de Saldis Speculum sacerdotum.
16 feuillets in 4.

Il commence:

Incipit speculum clarum nobile et pciosuꝫ iporum sacerdotum in quo refulget et repsentatur aliqua vtilia speculada circa tria. baptismi. scz eucaristie. et penitentie sacramenta.

la souscription porte:

Speculum pclarum iporum sacerdotu a patre Hermanno de Saldis sacre theologie pfessore: ordinis heremitaruꝫ sancti Aug'. editum *maguntieqꝫ impssum* feliciter finit.

Grandeur des caractères. Les lettres courtes: 3 1/2 Millimètre (1 1/8 lignes); les longues: 4 Millim. (1 7/8 lign.)

Cette impression très remarquable consiste en 16 feuillets, et n'a ni chiffres de pages, ni signatures, ni réclames. Elle est

---

91 *Allgemeiner litterarischer Anzeiger* 1801. No. 145. September p. 1589 — 1392.

92 V. *Magasin encyclopédique redigé par* MILLIN année VII. Tom. 3. p. 475 — 479. où il faut lire que la première édition de Donat a 33, la seconde 35 lignes sur la page.

demeurée, jusqu'aujourd'hui, inconnue à tous nos typographes. Le caractère a beaucoup de ressemblance avec celui que SCHÖFFER a employé dans *Pauli scrutinium scripturarum.* Cependant il y a des différences saillantes. On peut consulter la planche qui contient quelques lignes tirées de l'ouvrage *de celebratione missarum* imprimé avec le même caractère.

La lettre A se présente sous une double forme dont l'une ressemble à celle de SCHÖFFER et l'autre est propre à cet imprimeur.

D a de même deux formes différentes dont l'une parait être la copie en petit du D de l'alphabet que GUTENBERG employa dans les dernières éditions de Donat.

Les lettres E T H I ont entre elles dans les deux ouvrages des nuances qu'il est impossible de rendre mais qui n'échappent cependant pas à un oeil exercé. On y voit aussi deux espèces de P. L'un ressemble à celui de SCHÖFFER et l'autre à celui usité dans le catholicon de 1460. La lettre S a une forme toute particulière que je n'ai retrouvée nulle part que dans ces deux impressions. Un seul coup d'oeil sur la planche donnera plus d'éclaircissement que ma description. La copie est faite avec soin et exactitude.

Le papier, par la couleur et la beauté, ressemble à celui marqué d'une tête de boeuf. Il porte la lettre d dont le trait supérieur est un peu prolongé.

7.

Tractatus de celebratione missarum 30 feuillets in 4.

Il commence:

In presenti libello ↄtinentur aliqua pro cebracōne missarū scd'm freqntiore cursu diocesis maguntin. directoria p pte ex registro ordinario et p pte ex quibusdā exptis psbiteris eiusdē diocesis collecta et p nouellis et ruralibↄ clericis expientiam plenam eorudeꝫ non habentibus hic breuiter annotata. Saluis tamen cuiuscuqꝫ eccīe consuetudinibus.

Sans souscription.

Mêmes caractères que dans l'ouvrage précédent. La hauteur de la colonne est de o, 128 M. (4 p. 9 l.) et sa largeur o, 082 ou 3 pouces.

Cet ouvrage a les mêmes caractères que le précédent et, comme lui, n'a ni chiffres de pages, ni signature, ni reclames; il consiste en 30 feuillets petit in 4; la page complette a 28 lignes. Le titre des chapitres est composé avec un gros caractère de Missel semblable à celui de la bible latine de Gutenberg avec des legères differences. Le papier est fort ~~avec~~ et porte trois lis couronnés.

Ce livre qui appartenait précédemment à la Bibliothèque des Chartreux se trouve maintenant à la bibliothèque de l'université de Mayence relié avec différents manuscrits plus anciens. On y lit une inscription remarquable qui semble ne laisser aucun doute sur l'imprimeur tant de cet ouvrage que du précédent.

Carthusia prope Maguntm possidet ex lber
donacone Joanis dicti a bono monte opuscu

mira sua arte sc e Johannis Nummeister
cleric confectu Anno dm M° cccc°
Lx iij xiij kal. Jul

Les dernières syllabes sont faciles à suppléer; elles furent découpées par le relieur.

Nummeister qui prend toujours le titre de clerc de Mayence fut donc aide de Gutenberg. Il faut convenir que son édition des *Meditations de Turrécrémata* de 1479 a des caractères qui ressemblent beaucoup à ceux de l'inventeur de l'imprimerie. Ce Nummeister est le même qui, le premier, a établi, avec Émilien de Orfinis, une imprimerie à Foligni en Italie. Le premier livre qui sortit de cette presse en 1470 est *Leonardi Aretini de bello italico adversus Gothos libri* 4. C'est lui qui a aussi donné la première édition de Dante en 1472.

Je n'ajouterai rien sur le contenu de ce livre, mais il est nécessaire de dire encore un mot sur la souscription. On peut la révoquer en doute, mais on ne niera pas que ces deux ouvrages, dont les caractères sont parfaitement les mêmes, n'aient été imprimés à Mayence dans un tems où on n'y connait pas d'autres presses que celles de Schöffer et de Gutenberg.

Tabula ad Characteres
Augustini de Vita Christiana
et Libri
Catholicon a Joanne de Balbis
dicti comparandos.

Augustinus Joannis Fusti
typis absolutus.

Ego prim9 peccoꝝ ꝛ ultim9 insipiētiorq3
ceteris. ꝛ impicior vniuß. te ut sancti-
tatis ꝛ iusticie viā pergas. crebrioribꝫ
audea lrīs āmoné. nō mee ꝓpe iusticie fiducia.
non sapientie picia.

A b C C D D D E F h h h J J L M M N O P Q Q R S T T
V X. a b c c d d de f e g g h h i i l m n o p p p p p q r r s s st t t u v x y z.

Catholicon Joanni Guttenberg
Vindicatur

Altissimi presidio cuius nutu infantium lingue fi
unt diserte. Qui q3 nūosepe puulis reuelat quod
sapientibus celat. Hic liber egregius. catholicon.
dnice incarnacionis annis M cccc lx Alma in ur
be maguntina nacionis indite germanice. ——

A A B B C D E f f G h J R R L M N O O P Q Q R S S T T V Z.
a a b c c d e ē f f g g g e b b i i k l m n o o p p p p q q q z r s s s
t u u v w w x y z t̃ w.

Gravé par Agnes Schalck née Cöntgen à Mayence

8.

Joannis Balbi de Janua Catholicon. in fol.

Il commence:

Prosodia quedā ps gramātice nuncupatum etc.

on lit à la fin:

Altissimi presidio cuius nutu infantium lingue fiunt diserte. Qui qȝ nū o sepe puulis revelat quod sapientibus celat. Hic liber egregius. catholicon. dnice incarnationis annis M. cccc lx Alma in urbe maguntina nacionis inclite germanice. Quam dei clemencia tam alto ingenii lumine. dono qȝ gtuito. ceteris terraꝝ nacionibus preferre. illustrare qȝ dignatus est Non calami stili. aut penne suffragio. sȝ mira patronaꝝ formaꝝ qȝ concordia pporcione et modulo. impressus atqȝ confectus est.

Hinc tibi sancte pater nato cū flamine sacro. Laus et honor dn̄o trino tribuatur et uno Ecclesie laude libro hoc catholice plaude Qui laudare piam semper non linque mariam DEO. GRACIAS

Petit caractère maigre ressemblant au Cicero. Hauteur de la colonne 0, 272 Mètre (10 pouces) largeur de l'une, 0, 82 (3 p.) de toutes les deux avec l'espace qui les sépare 0, 182 (6 p. 9 l.)

Ce livre est trop connu pour avoir besoin d'une description particulière.

Schlegel, Würdtwein, Meermann, Zapf ont prétendu que ce livre était sorti de la presse de Fust et Schöffer. Comme cet ouvrage parut après le procès qui enleva à Gutenberg tous ses caractères et que la souscription annonçait qu'il avait été imprimé à Mayence, ces typpgraphes ont cru qu'ils pouvaient l'attribuer à ces imprimeurs. Quelqu'éloigné que je fusse moi même de partager cette opinion à cause de la dissemblance des caractères, je ne savais comment classer cet ouvrage, lorsque j'eus connaissance du document qui prouve que GUTENBERG monta une nouvelle presse après le procès; alors il ne me resta plus de doute sur le vrai imprimeur du Catholicon. J'affirme donc que GUTENBERG a imprimé cet ouvrage après sa séparation et voici les raisons sur lesquelles repose cette opinion.

FUST et SCHÖFFER ont donné très peu de livres sans se nommer ou sans y ajouter leurs écussons, et il n'auraient pas manqué de le faire à un ouvrage aussi conséquent.

La souscription de celui-ci est remarquable par la modestie de l'artiste. Il rejette, pour ainsi dire, sur la divinité toute la gloire de son invention. „Avec l'assistance du Tout-Puissant," „dit-il," „qui rend les enfans éloquens et qui leur révèle souvent des choses qu'il cache aux savans, l'impression de ce livre intitulé *Catholicon* a été achevée à Mayence ville d'Allemagne, (qu'il a plu à Dieu d'élever au dessus de toutes les autres nations par le don gratuit d'une si grande production de l'esprit) Il n'a été fait ni avec le roseau, le stylet ou la plume, mais il à été imprimé par un accord, une proportion et une justesse admirables des moules et des matrices etc."

On voit qu'il y developpe bien distinctement tous les moyens dont il s'est servi pour arriver a son but.

La presse de FUST et SCHÖFFER ne s'est jamais servi du même caractère qu'on a employé dans le *Catholicon.* Qu'on compare toutes les lettres de FUST et SCHÖFFER avec celles de cet ouvrage, on verra que le goût en est absolument différent.

ZAPF [93] a pensé que ces caractères étaient les mêmes que ceux de l'*Augustinus de vitâ christianâ* qui est reconnu appartenir à FUST et SCHÖFFER, et c'est là la raison qu'il oppose à cette opinion que j'avais formellement avancée dans mes *Typographischen Seltenheiten.* J'aime mieux croire qu'il n'a pas pris la peine de comparer ces ouvrages. Le lecteur trouvera ici un extrait de chacun d'eux et pourra se convaincre par ses propres yeux. [94]

Je donnerai à la fin de cet essai une liste chronologique de toutes les impressions mayençaises qu'il m'a été possible de voir moi même et, parmi les ouvrages de SCHÖFFER que j'ai pu comparer, il n'y en a pas un seul où les caractères soient les mêmes que ceux du catholicon.

Cependant ces caractères reparaissent encore dans les deux éditions du *Vocabulaire* de 1467 et 1469 imprimées à Ellfeld par NICOLAS et HENRI BECHTERMÜNZE et WEIGAND SPIES.

---

93 *Reise von Augspurg in das Kloster Fürstenfeld an Hofrath und Bibliothécar Langer in Wolfenbüttel von geheimen Rath ZAPF.* V. *Allgemeiner litterarischer Anzeiger* 1801. N. 128. p. 1217. N. 129. p. 1225—1232.

94 Quoique FOURNIER (de l'origine de l'imprimerie p. 238) se trompe à l'égard de l'imprimeur du *Catholicon* en l'assignant également a SCHÖFFER, qui, selon lui, n'a pas jugé à propos de mettre de nom à ce livre dont l'exécution lui plaisait moins, il est cependant d'accord avec moi que les caractères sont differents de ceux que SCHÖFFER employa dans le *Rationale* de 1456 imprimé avec les mêmes caractères que le livre cité d'AUGUSTINUS. „Le caractère de ce livre (du *Catholicon*)" „dit-il" page 236 „dont la grosseur revient à celle de notre CICERO est maigre, mal formé et annonce à la seule inspection un premier essai dans ce genre de travail, au lieu que celui du *Rationale*, qui a la même grosseur, est plus gras, bien mieux fini, et beaucoup plus régulier. Est-il vraisemblable que SCHÖFFER, qui était l'auteur de cette invention, ait d'abord fait un caractère beau et bien exécuté pour le Rationale et qu'ensuite il en fait pour ce *catholicon* un autre imparfait, de la même grosseur dont on ne voit pas la necessité et cela dans l'espace de quelques mois?" —

Lorsque Gutenberg fut attaché à la cour, il permit sans doute à ses ouvriers de donner encore quelques éditions avec ses caractères ou peut-être ceux-ci les tenaient-ils de Conrad Humery qui, comme nous avons déjà dit, en avait hérité sous la condition de ne pas les vendre ailleurs qu'à Mayence.

Quelques uns ont prétendu que ces caractères et ceux du catholicon n'étaient pas les mêmes. Tout le monde peut se convaincre par ses propres yeux de leur indentité. L' A majuscule penche à droite dans le catholicon et cette lettre n'est pas rectifiée dans le vocabulaire. Qu'on voie au surplus quelques lignes de l'un et de l'autre sur la planche qui accompagne la première livraison de mes *Typographischen Seltenheiten.*

8.

Mathaei de Cracovia Tractatus rationis et conscientiae. 22 feuillets in 4.

à la fin on lit:

Tractatus racionis et consciencie de sumpcōne pabuli salutiferi corpis dni nostri ih'u xpi finit.

Mêmes caractères que ceux du Catholicon. La hauteur de la colonne est de o, 144 Mètre (5 p. 3 l.); sa largeur o, 019 M. ou 2 p. 9 l.

Cette impression qui a sans doute paru avant le catholicon commence, sans titre ou inscription, par les mots suivants: „*Multorum tam clericoꝝ qᵐ laicorꝝ querela ē non modica occupatio grauis et questio dubiosa . quomodo quis se habere debeat in celebrando uel comunicando Quando videlicet accedere. Quo-*

modo accedentes moti vel dispositi esse. Aut quibus motiuis uł indisposicionibus abstinere debeant. Et an melius sit continue sumere corpus xpi. frequenter. aut raro." Elle est sans signature et sans reclames et consiste en 22 feuillets. Chaque page a 30 lignes. Les caractères initiaux sont peints, ceux de l'imprimeur sont les mêmes que nous avons vu dans le catholicon de 1460; mais plus nets et moins usés. Le papier est beau, d'une blancheur éclatante et marqué d'une tête de boeuf. C'est un dialogue de raison et de la conscience. L'imprimeur a laissé à l'enlumineur un espace en blanc assez considérable pour ecrire en couleur les mots *ratio* ou *conscientiá* suivant que l'un ou l'autre des interlocuteurs prend la parole. Dans les deux exemplaires que j'en ai vu, ils étaient ecrits en rouge.

Ce monument était connu aux typographes et personne n'a point hésité de l'attribuer à GUTENBERG. [95] ULRICH ZELL a réimprimé plus tard le même ouvrage; j'en donnerai une description dans le quatrième livraison de mes *typographischen Seltenheiten*. Cette édition contient 26 feuillets. [96]

---

95 SUHL, DENIS, PANZER, ZAPF.

96 MARCHAND a pris cette édition pour une impression de FUST et SCHÖFFER, parceque le papier a pour marque une tête de boeuf. V. Son *Histoire de l'origine de l'imprimerie*. p. 42.

9.

Thomas de Aquino de articulis fidei. 12 feuillets in 4.

La souscription porte:

Explicit summa de articulis fidei et ecclesie Sacramentis. edita a fratre Thoma de aquino ordinis fratrum predicatorum. DEO GRACIAS.

Mêmes caractères; même manière d'impression; même grandeur des colonnes.

Ce monument typographique de 12 feuillets dont chaque page complette contient 36 lignes est imprimé avec les mêmes caractères. Les lettres initiales sont faites à la main. Il commence ainsi: „*P ostulat a me uestra dileccio ut de articulis fidei et ecclesie sacramentis aliqua vobis compendiose p memoriali transcriberem etc.*" Le papier avec la tête de boeuf portant la moitié d'une étoile est, fort mais un peu jaunâtre. Cette impression fut connue à Denis, Zapf et Seemiller. Le dernier se trompe quand il annonce l'année 1470 comme la date de ce livre qui sans doute a paru avant 1460.

Ulrich Zell à Cologne en a donné de même un seconde édition en 15 feuillets in 4. On en trouvera aussi l'analyse dans le quatrième cahier de mes *typographischen Seltenheiten.*

Liste chronologique
des ouvrages sortis de la presse
de
FUST ET SCHÖFFER
que j'ai pu comparer.

I. Caractère de Rota.

Ce caractère ressemble à celui que l'on appelle en terme d'imprimerie allemande *Schwabacher*, et qui revient au CICERO français. Ce fut le premier petit caractère que la presse mît en usage. Je l'ai appellé *Rota* parcequ'il servit à imprimer les *Decisiones Rotae*, ouvrage très connu. J'en ai fait imiter quelques lignes dans la deuxième livraison de mon ouvrage. * Les livres suivans sont imprimés avec ce caractère:

1454 Litterae indulgentiarum Nicolai V Pontif. max. pro regno Cypri. dat. Erford. in fol.
dans la Bibliothèque de Mr. le Lord Spencer à Londre.

Spiegel der Vollkommenheit 145 feuillets in 4.
impression superbe à la Biblioth. de l'université à Mayence.

1459 Durandi Rationale divinorum officiorum in fol.
La souscription est imprimée avec le caractère de la bible.
à la Bibliothèque nationale.

1460 Les remarques dans Constitutiones clementinae in fol.
à la Bibliothèque nationale.

Augustinus de arte praedicandi s. a. et l. avant 1465.
22 feuillets petits in folio.
à la Bibliothèque de Mayence.

---

* FISCHER's typographische Seltenheiten 2 Lief. No. III. de la figure.

1461. 1462. *

1465 Ciceronis officia et paradoxa in 4.
à la Bibliothèque nationale.
Augustinus de vita christiana s. l. et a.
16 feuilles in 8.
deux éditions; l'une sans écussons et l'autre avec les écussons de FUST et SCHÖFFER.
La première dans ma collection, la seconde à la Bibliothèque nationale.

1466 Ciceronis officia et paradoxa in 4.
Seconde édition.
à la Bibliothèque nationale.

1467 Thomae de Aquino secunda secundae in fol.
à la Bibliothèque nationale.
Grammatica rimata s. l. petit in folio.
à la Bibliothèque nationale à Paris et à celle de St. Barthel. à Francfort.

1468 Les remarques dans institutiones Justinianeae in folio.
à la Bibliothèque de St. Barthèlemi à Francfort.

1469 Thomae de Aquino Scripturarum opus quartum in fol.
La souscription est du même caractère que la bible.
à la Bibliothèque nationale.

1470 Mammetractus in fol.
Sa souscription a le caractère de PAUL.
à la Bibliothèque de Mr. THELEMANN.

1471 Thomae de Aquino Prima secundae in fol.
La souscription est imprimée avec le caractère de PAUL.
à la Bibliothèque nationale.

1473 Thomae Valois et Nicolai Triveth Commentar. in Augustinus de civitate Dei in fol.

1474 Henrici Herp Speculum aureum decem perceptorum in folio.
superbe exemplaire à la Bibliothèque de St. Barthèlemi de Francfort; la souscription caractère de PAUL ainsi que la table.
Augustinus de verae vitae cognitione 34 feuillets in 4. avec les écussons de P. SCHÖFFER.
dans ma collection.

* C'est ici qu'il faut classer la *lettre d'indulgence* de 1461 découverte par ZAPF au couvent de Fürstenfeld et *l'apologie* de DIETHER d'ISENBOURG contre ADOLPHE en 1462. 4 feuillets que je n'ai pu voir.

1478 Barth. de Chaymis interrogatorium. 149 feuillets in 4.
La souscription est imprimée avec le caractère de la bible.
à la Bibliothèque de Mayence.
Tractatus de conceptione mariae virginis 40 feuillets in 4.
dans ma collection.
1479 Joh. Langeri de Bockenhayn Tractatus de censibus. 26 feuillets in 4.
à la Bibliothèque nationale.
Opusculum magni Basilii ad juvenes. 18 feuillets in 4.
à la Bibliothèque de Mayence.
1489 Legenda et miracula sancti Goaris. 28 feuillets in 4.
à la Bibliothèque nationale.

II. Caractère de la Bible.

Ce caractère dont j'ai fait graver quelques lignes dans mon ouvrage deja cité * employé dans la bible de 1462, est gros et le plus beau de la presse de Mayence; on ne saurait guère le comparer avec un autre plus moderne parcequ'il est un composé de gothique et de romain. Il ressemble cependant, quant à la force de corps, au caractère dit St. Augustin gros-oeil ou plutôt au petit parangon petit oeil. Ce caractère servit à l'impression des ouvrages suivants:

Leonardus Aretinus, ex bocaco vulgari Tancredi filie sigismude amor in guiscardu. 12 feuillets in 4.
à la fin les écussons de Fust et Schöffer.
à la Bibliothèque de St. Barthèl. à Francfort.
Diurnale maguntinum sur velin in 12.
édition inconnue à nos typographes dont on trouvera une description dans la 4 livraison de mes typographischen Seltenheiten.
1460 Constitutiones clementinae in fol.
à la Bibliothèque nationale.
1462 Biblia latina. 2 Vol. in fol.
à la Bibliothèque de Mayence.
Tractatus de utilitatibus monocordi s. l. et a. 12 feuillet in 4.
à la Bibliothèque nationale.
Thomae de Aquino prima pars summae. s. l. et a. in fol.
à la Bibliothèque nationale.

---

* FISCHER's typographische Seltenheiten 2. Lief. No. II. de la figure.

1468 Grammatica rhytmica. 17 feuillets petits in fol.
à la Bibliothèque nationale.
Cette édition réunit tous les caractères de la presse de FUST et SCHÖFFER.
Institutiones Justinianeae. in fol.
à la Bibliothèque nationale.
1470 Epistolae Sti Hieronymi. 2 Vol. fol.
à la Bibliothèque nationale.
1471 Clementis quinti constitutiones. in fol.
à la Bibliothèque nationale.
Praefaco in laudē bndcē virginis marie mr̄is. ih'u nr̄i redemptoris 10 feuillets petits in fol. à la fin les écussons.
à la Bibliothèque nationale.
1472 Biblia latina. 2 Vol. in fol.
à la Bibliothèque nationale.
Justiniani institutiones. in fol.
les remarques sont imprimées avec le caractères dits Rotâ.
à la Bibliothèque nationale.
1473 Augustinus de civitate Dei. in fol.
Les remarques sont imprimées avec le caractère de Rota.
à la Bibliothèque nationale.
Gregorii IX. Decretales. in fol.
Les remarques caractère dit Paul.
à la Bibliothèque nationale.
1474 Turrecremata Expositio in Psalmos. in fol.
à la Bibl. de Mayence; et de Mr. le Duc de Saxe-Gotha.
1475 Codex Justinianeus. in fol.
à la Bibliothèque nationale; les remarques, caractères de Paul.
1476 Institutiones Justinianeae. in fol.
à la Bibliothèque nationale.
Constitutiones clementinae. in fol.
Les remarques sont imprimées avec des caractères de Paul.
à la Bibliothèque nationale.
Sextus decretalium. Bonifacii VIII. in fol.
Les remarques caractères de Paul.
à la Bibliothèque nationale.
Turrecremata Expositio in Psalmos. in fol.
à la Bibliothèque de Mayence.

1478 Turrecremata Expositiones in Psalmos. in fol.

à la Bibliothèque de Mr. le Duc de Saxe-Gotha.

III. Caractère dit Paul.

C'est un caractère gothique de la presse de JEAN FUST et PIERRE SCHÖFFER qui tient le milieu entre le caractère de la *bible* et le caractère dit *Rota* (V. mes *typographische Seltenheiten.* 2 Livraison No. III. de la planche.)

Voici la liste chronologique des ouvrages imprimés avec ce caractère:

1468 Gramatica rhythmica.

Cette grammaire offre un mélange de tous les genres de caractères de la presse mayençaise de P. SCHÖFFER. J'en ai déjà fait mention à l'article des caractères de la bible.

Manuale parochialium sacerdotum. 16 feuillets in 4.

à la Bibliothèque de Mr. le Duc regnant de Saxe-Gotha.

Modus confitendi. 8 feuillets in 4.

à la Bibliothèque de Mayence.

Ars bene cantandi choralem. 14 feuillets in 4.

très rare. à la Bibliothèque nationale.

Modus promerendi indulgentias. une seule page in fol. pat.

dans ma collection; rare et inconnue à nos typographes.

1473 Les remarques des Decretales Georgii IX.

Tractatus de instructione seu directione simplicium confessorum. 142 feuillets in 4.

à la Bibliothèque de Mayence.

Joannes de Tambaco Consolationes theologicae. 100 feuillets in 4.

à la Bibliothèque de Mayence.

1475 Les remarques du Codex Justineaneus. in fol.

1476 Les remarques dans les Constitutiones clementinae. in fol.

1478 Pauli de Sta Maria scrutinium scripturarum. in fol.

à la Bibliothèque de Mr. Thelemann.

Table chronologique

des savans qui ont fleuri à Mayence de 360 à 1790.

Nota. On trouvera peut-être ici des noms qui ne sont pas généralement connus; mais les savans qui les portèrent n'en furent pas moins recommandables par leurs lumières. On sait que plusieurs hommes de lettres du moyen âge se livrèrent à des travaux arides extrèmement profitables pour la posterité qui n'a pas toujours eu le soin de transmettre leur souvenir.

	Quatrième Siècle.		
Maximus Ep.	360		
	Sixième Siècle.		
Sidonius II.			
	Septième Siècle.		
Richbertus.			
	Huitième Siècle.		
Pirminius	724	Lullus	787
Bonifacius	755	*Hilpericus* Ferius aut Levinus	799
	Neuvième Siècle.		
Richolphus Archiep.	804	*Rabanus Maurus*	856
Heistulfus	814	Probus Mellanius	859
Eginhardus	820	Lindebertus	863
Benedictus Levita	840	Hatto Arch.	891
	Dixième Siècle.		
Rupertus	911	Theodoricus	977
Jordan		Bardo	980
Adelbero	921	Eadmerus	980
Joannes	925	Libatius	983
Hildebertus	928	Theodoricus	990
Guillelmus Arch.	968	Rupertus	991

Onzième Siècle.

Floddardus	1000	Gozechinus	1060
Burchardus	1025	Eckbertus	1076
Theodericus	1030	Lambertus Schaffnab.	1078
Aribo Arch.	1031	*Goswinus*	1080
Richardus Abbas	1039	*Marianus Scotus*	1086
Diedericus	1039	Ruthardus	1090
Ruthardus	1059		

Douzième Siècle.

Pantaleonita	1106	Martellus Guilielmus	1170
Leonardus Seemann	1115	Adelgerus	1174
Almericus	1115	Anselm de Bickelnheim	1177
Bernhelmus	1124	Hildegardis à Bingen	1180
Goswinus Sant Albanensis	1130	Christianus I. Arch.	1183
Dodechinus	1140	Walramus	11..

Treizième Siècle.

Hermannus	1203	Gebeno Abbas	1280
Jordan	1237	Otto Thuringus	1288
Amnon	1242	Sighardus	1296
Raimundus sive Remundus	1249	Theodoricus de Apoldia	1297
Christianus II. Arch.	1251	Dietlebus	1298
Bernardus Teuto	1260	Conradus Arch.	....

Quatorzième Siècle.

Siegehardus	1300	Henricus de Aquila	1340
Joannes Henricus Stero	13..	Jacobus de Altavilla	1360
De Cronberg	1310	Lupoldus III. de Bebenburg	1363
Henricus Frauenlob	1317	Joannes Fuist	——
Arnoldus	1317	Henricus de Dolendorp	1366
Petrus ab Aspelt. Arch.	1320	Conradus Alzeyensis	1370
Joannes de Sporre	1329	Joannes Fusth	1370
Joannes Christophorus	1335	Franciscus Scholer	1390
Jones Vogelanus	1340	Everardus Maynardus de Oldendorp	1393

Quinzième Siècle.

Wasmud Hombergensis	1402	Simon de Spira	1403
Conradus Thus	1403	Everardus Mainard	1403

Name	Year
Theodoricus Mürnhard	1405
Robertus de *Franzola*	1408
Michaelis Herbrant	1410
Jacobus de Moguntia	1410
Wilhelm Stumpf	1415
Joannes Fistenport	1421
Jacob Levita Judeus	1427
Joannes Zacharias	1428
Joannes Nieder	1430
Petrus de Francofordia	1431
Joannes Ammerbach	14..
Joannes Gawer	1438
Eberhardus Windeck	1442
Mathias de Wezlaria	1446
Hilgerus de Burgis	
Herrmannus Schreiber	1450
Siegfried Schündlein	1456
Christianus de Friedberga	1456
Herrmannus Stummel	1460
Bartholomonaeus de Eten	1460
Guido Burger	1461
Gerardus de Castris	1468
Nicolaus de Dorsten	1468
Rudolphus de Rüdesheim	1470
Henricus de Herph	1470
Everardus de Venlo	1470
Heinricus Desch	1471
Arnoldus de Bessalis	1471
Adrianus	1472
Sigfridus de Moguntia	1473
Joannes ab Indagine	1475
Henricus Holzemacher	1476
Stephanus	1478
Joannes de Wesalia dictus Ruchart	1479
Joannes de Lutrea	1479
Wigandus Kennicken	1480
Mathias de Emich	1480
Thomas Abbas	1481
Andreas de Trajecto	1483
Joannes de Cronberg	1483
Joannes de Neuburg	14..
Jacobus Welder	1483
Joannes Blenckener	1484
Conradus Rodenberg dictus Barsierier	1486
Theodericus	1487
Henricus de Geilnhausen	1488
Joannes Quattermart	1489
Nicolaus de Crucenach	1491
Melchior	1492
Joannes Beckenhaub	1492
Jacobus dè Oppenheim	1493
Joannes Scriptoris de Ulma	1493
Jacobus Sprenger	1494
Joannes Frytag	1494
Eytelwolfus de Lapide	1494
Conradus Hensel	1495
Joannes Bertram	1495
Franciscus Wyler	1495
Nicolaus de Alsentia	1495
Jacobus Wimphelingus	1495
Theodoricus Gresemundus senior	1495
Joannes Godfridi	1495
Joannes Camerarius de Dalberg	1495
Gabriel Biel	1495
Joannes	1496
Bernhardus de Breidenbach	1497
Nicolaus de Alsentia	——
Georg Heilmann	——
Georg Hell dictus Pfeffer	1498
Joannes Westphal	1498
Jacobus Koler	1498
Thilmannus Limberger	1499
Mathaeus Eberwin	1499

Seizième

Seizième Siècle.

Mathias de Ruremunda	1500	Dietherus de Moguntia	1519
Erhardus de Redwitz	1502	Wolfgangus Trefflerus	1521
Joannes Abbas	1502	Joannes de Indagine	1524
Joannes Wacker	1502	Nicolaus Holtmann	1525
Joannes de Dalberg	1503	Herrmannus Piscator	1526
Sigfridus Calciatoris	1503	*Conradus de Wimpina*	1531
Georgius Schraub	1504	Sebastianus de Rothenhahn	1532
Nicolaus Finck	1504	Jacobus Zweifel	1532
Philippus Schurg	1506	Michael Schleiffer	1532
Ivo Wittig	1507	Joannes Stamff	1533
Wigandus Wirth	1507	Otto Brunfels	1534
Wernherus Alich de Spreth	1507	Joannes Eseler	1534
Joannes Curvello	1508	Joannes Diedemberg	1534
Albertus de Minsingen	1509	Antonius Knauer	1535
Jodocus Fortuna	1509	Michael Vehe	1535
Thomas Ruscher	1510	Casparus de Westhausen	1535
Martinus Kuppel	1510	Conradus Koellin	1536
Joannes Pfefferkorn	1510	Joannes Dietenberg	1537
Joannes de Kronberg	1510	Adamus Helsinger	1539
Joannes Hebelin	15..	Eobanus Hessus	1540
Ludovicus de Helffenstein	15..	*Joannes Arnold*	1542
Joannes Spangenberg	1511	Petrus Fleschweiler	1542
Theodoricus Gresemundus junior	1511	Joannes Huttichius	1544
Joannes Vilhauer	1512	Joannes Menzinger	15..
Petrus Sorbillo	1513	Albertus II. Cardinal.	1545
Joannes Bertram	1515	Joannes Eler	1547
Eitelwolf à Lapide	1515	Wolfgangus Sedel	1548
Conradus Hensel	1515	Joannes Breithard	1548
Victor de Carben	1515	Bernhardus Scholl	1548
Ulricus ab *Hutten*	1516	Christophorus Fisterus	1549
Joannes Trithemius	1516	Georgius Neander	1551
Petrus de Virsen	1517	Fridericus Nausea	1552
Augustinus Marius	1517	Caspar Hedio	1552
Bartholomaeus Zehender	1519	Joannes Cochlaeus	1552
Joannes Tetzel	1519	Vitus Dulken	1553

Balthasar Geyer	1553
Gerhardus Ising	1553
Joannes Wild	1554
Joannes Stepeck	1555
Casparus Coci	1555
Tilmannus Dichtelbach	1556
Petrus Preufs	1557
Jodocus Selbach	1558
Christophorus Aulaeus	1560
Guilielmus Asterod.	1560
Balthasar Wanemann	1561
Petrus Adel	1561
Michael Helding dictus *Sidonius*	1562
Ambrosius Lauterbach	1563
Julius Pflugius	1564
Joannes Michael Fehr	1567
Lambertus Gruterus	1569
Theobald Thamer	1569
Simon Bagen	1569
Wilhelmus Holtmann	1570
Melchior Rufstein	1571
Jacobus Curio	1572
Johannes Moering	1572
Philippus Agricola	1572
Georgius Vicelius	1573
Lambertus Auer	1573
Joannes Dietherus Weidmann	1573
Joannes Kuhorn	1575
Joannes Hartung.	1576
Theodoricus Flachsweiler	1577
Gerhardus Ising	1578
Kilianus Eler	1579
Petrus Haupt	1579
Christianus Hypparius	1580
Daniel Jaeger	1582
Valentin Spies	1582
Georgius Artophaeus	1583
Theodericus Kauff	1583
Ludovicus Ebersheim	1583
Henricus Steinwerter	1586
Johannes Munck von Hof	1587
Joannes Kuhorn junior	1587
Joannes Wallrab	1587
Andreas Eler	1588
Mathias Dieffenbach	1589
Andreas Dietz	1589
Joannes Berneburg	1590
Herrmann Thyraeus	1591
Joannes Fridericus Travellmann	1591
Joannes Agricola	1592
Philippus Mohr	1593
Michael Petrus dictus Brillmacker	1595
Cornelius Loos	1595
Mathias Putzius	1595
Joannes Wachinger	1595
Petrus Canisius	1597
Henricus Volmarus	1597
Petrus Sufridus	1597
Ethereus Hoffmann	1597
Valentinus Leucht	1598
Bruno Seidel	15..
Damianus Lack	1598
Theobaldus Sylvius	1598
Philippus ab Rosenbach	15..

Dix-septième Siècle.

Joannes Latomus	1600
Jacob Kampius	16..
Petrus Tyraeus	1601
Sebastianus Schad	1602

Henricus Garet	1602	Eicharius Sartorius	1623
Jacobus Zittardus	1602	Sebastianus Faber	1624
Joannes Cygnaeus	1603	Tobias Albertus Molitoris	1624
Joannes Armbruster	1603	*Martinus Becanus*	1624
Petrus Spehr	1605	Adamus Ebersheim	1624
Eberhardus Wolfgangus à Heusenstam	1605	Joannes Suicardus à Cronberg	1626
Petrus Offendal	1606	Joannes Falco	1626
Melchior Zanger	1606	Stephanus Weber	1626
Laurentius Kreich	1606	Balthasar Hager	1627
Albertus de Puteo	1606	Lubentius Hettisch	1627
Mercurius Wilthelm	1607	Joannes Antoni	1628
Paulus Hoffaeus	1608	Jacobus Keim	1628
Martinus Antonius del Rio	1608	Joannes Antonius Wittlichius	1628
Nicolaus Serarius	1609	Jacobus à Ried	1629
Joannes Mulhusinus	1609	Joannes Nicolaus Fischer	1629
Christianus Agricola	1610	Rudolphus Clutius	1630
Everardus Henotus	1611	Joannes Paff	1630
Joannes Busaeus	1611	Casparus Beusser	1631
Gerardus Gonthi	1613	Conradus Mahs	1631
Marquardus Freherus	1614	*Georgius Hellwich*	1632
Antonius Bayer	1614	Petrus Ostermann	1632
Antonius Kerbeckius	1614	Franciscus Vogt	1632
Vitus Melitus Gamundianus	1615	Henricus Schultheis	1634
Jacobus Schalling	1615	*Adamus Contzen*	1635
Adamus Conradi	1615	Andreas von Joſs	1635
Vitus Miletus	1615	Mathias Dieffenbach	1635
Justus Stengel	1616	Joannes Reinhardus Ziegler	1636
Joannes Burger	1617	Guilielmus de Metternich	1636
Justus Baronius	1618	Engelbertus Ewig	1637
Philippus Schroeder	1619	Stephanus Dominici dictus Brunheimer	1639
Jacobus ab Elz	1621	Jacobus Himioben	1642
Gisbertus Schevichanus	1622	Stephanus Bruidius	1643
Joannes Bremser	1622	Henricus Faber	1643
Stephanus Weber	16 2	Ambrosius Salbaeus	1644
Joannes à Greiffenstein	1622	Joannes Petrus Molstetter	1645
Hermannus Bosendorf	1623	Adamus Lutz	1645

Guilielmus de la Croix 1645
Wolfgang Sigmund à Vorburg 1645
Alphonsus Petermann 1646
Suicardus Beck 1647
Balthasar Etzelius 1648
Petrus Custem 1649
Benedictus Schoeffer 1649
Benjamin Schütze 1649
Joannes Udalricus ab Andlau 1650
Joannes Volbrecht 1650
Adam Aniol 1650
Adam Freisbach 1650
Joannes Roberti 1651
Henricus Broich 1652
Ferdinandus Hauck 1653
Mattheus Vorster 1653
Antonius Bentheim 1654
Simon Jung 1654
Maximilianus Sandaeus 1657
Bartholomaeus Holzhauser 1658
Adolphus à Pempelfurth 1659
Justus Hartlieb 1659
Petrus Paulus Moeckel 1659
Joannes Philippus à Vorburg 1660
Henricus Barnstein 1660
Philippus Tehnle 1660
Jacobus Aretz 1661
Petrus Brahm 1662
Adamus Adami 1663
Joannes Vagz 1663
Goswinus Nickel 1664
Godefridus Zapff 1664
Henricus Marcellius 1664
Joannes Martinus Hohenstatt 1664
Fridericus Amelon 1664
Bonaventura Kugler 1664
Melchior Zanger 1664
Melchior Cornaeus 1665
Joannes Fridericus Faust à Stromberg 1666
Joannes Henricus Beusser 1666
Nicolaus Benning 1666
Joannes Unkel 1667
Ludovicus ab Hörnick 1667
Gottfried Guilielmus à Leibnitz 1668
Gerardus Hansen 1669
Adrianus de Wallenburg 1669
Joannes Kreihing 1670
Carolus à St. Anastasio 1670
Georgius Poth 1671
Joannes Steeb 1672
Theodorus Steinmetz 1672
Jonas Faber 1672
Joannes Judaei 1672
Henricus Kisselbach 1673
Joannes Christianus de Boineburg 1673
Maximilianus Habersack 1674
Placidus Abbas 1674
Wolterus Henriquez â Streuersdorf 1674
Philippus Kisselius 1674
Henricus Turnich 1674
Vitus Ebermann 1675
Petrus de Walenburg 1675
Joannes Jacobus Oppenheimer 1676
Samuel Ben Chanoch 1678
Henricus Forst â monte Carmeli 1678
Bruno Neusser 1681
Carolus le Clerc 1681
Richardus Neu 1681
Christophorus Lindia 1682
Joannes Joachim Becher 1682
Jacobus Milendunck 1682
Bonaventura Söllner 1683
Joannes Bartholomaeus Appelius 1686
Philippus Ludovicus de Reiffenberg 1686

Ludovicus Conradi Jacobi ab Ehren-kron 1687
Joannes Mauritius Gudenus 1688
Emanuel Moerzer 1688
ab Erlencamp 1689
Mathias Honcamp 1690
Albertus Jemmel 1690
Fridericus Steil 1692
Joannes Reinhardus Moerzer 1693
Ambrosius Schoenhard 1693
Quirinus de Merz 1695
Philippus à St. Johanne 1697
Joannes Hiegel 1697
Joannes Philippus Brahm 1697
Marcus Schoenemann 1698
Martinus Nickenich 1698
Urbanus Ferdinandus de Gudenus 1698
Albertus Oswald 1699

Dix-huitième Siècle.

Quirinus Kunkel 1701
Joannes Crafto Hiegel 1704
Christianus Hartmann 1705
Magnus Gramblich 1707
Mathias Starck 1708
Wildericus Christophorus Göpfert 1708
Wolfgang Ernestus Heidel 1708
Joachim Martinus Engelhard 1709
Nicolaus Person 1711
Martinus Cochem 1712
Petrus Ubach 1712
Petrus Thomas à St. Francisco 1712
Joannes Christophorus de Gudenus 1712
Michael Voss 1712
Joannes Weinkens 1714
Sebastianus Loth 1714
Löw Enosch 1714
Christophorus Schukard 1714
Fridericus Lotharius Franciscus 1715
Franciscus Blöchinger 1715
Leonardus Nimis 1715
Georg Ferdinandus Honkamp 1718
Beningnus de Lohr 1719
Vitus Seidelius 1719
Hieronymus Panton 1719
Arnoldus à St. Leonardo 1720
Raimundus Petz 1724
Salman Ben Seew 1724
Joannes Franciscus Bessel 1724
Franciscus Rütger ab Haren 1724
Maximilianus Sandaeus 1725
Joannes Schetzer 1726
Marianus Goth 1726
Joannes Henricus Meier 1726
Josephus Abbas 1727
Stephanus de Cloedh 1727
Anselmus Casimirus Stumff 1728
Ivo Salzinger 1728
Joannes Wolfgangus Antz 1729
Joannes Conradus Kraufs 1729
Vitus Seidel 1730
Joannes Renninger 1731
Franciscus Cuno de Benzel 1732
Wilhelmus Heger 1732
Antonius Klug 1733
Vitus a matre Dei 1733
Philippus Franciscus Dünewald 1733
Joannes Benedictus Schultheifs 1734
Fridericus Cronenberg 1735
Christophorus Lubger 1735
Wilhelmus Hieronymus Bruckner 1736
Sigismundus Beringer 1737

Martinus Drescher 1737
Profuturus Töpfer 1737
Benedictus Gebhard 1738
Joannes Valentinus Straus 1740
Joannes Leonardus Schoerly 1742
Anselmus Wolf 1744
Gottfried Christianus Lieb 1745
Philippus Adamus Schultheiſs 1746
Oliverius Legipontius 175.
Georg Josephus Wagner 1752
Anselmus Franciscus Ernst 1755
Georgius Neureuther 1757
Valentinus Ferdinandus de Gudenus 1758
Joannes Michaelis Dahm 1758
Casimirus Donner 17..
Joannes Benedictus Schultheiſs 17..
Joannes Schetzer 17..
Michaelis Werner 1760
Joannes Josephus Adamus Günther 1760
Antonius Steinhoff 1761

Joannes Georg Scherer 1762
Mathias Serger 1765
Christophorus Nebel 1769
Joannes Fridericus Haaber 1773
Ignatius de Benzel 1774
Joannes Philippus Hahn 1774
Theophilus Ungleich 1776
Ludovicus Philippus Behlen 1777
Joannes Gottfried Schweikard 17..
Georg Wilhelmus Reineck 1778
Adamus Pfister 1778
Carolus Franciscus Fischer 1781
Fridericus Wilhelmus Rüding 1781
Christianus ab Ottenthal 1783
Joannes Georgius Schlör 1783
Henricus Demme 1783
Josephus Hoegel 1783
Joannes Fridericus Pfeiffer 1787
Joannes Fiebig 1792
Georgius Forster 1794

www.ingramcontent.com/pod-product-compliance
Ingram Content Group UK Ltd.
Pitfield, Milton Keynes, MK11 3LW, UK
UKHW021105220726
13924UKWH00004B/1512